Aktion

Jo Pestum

Neue Abenteuer auf dem Pferdehof

Jo Pestum

Jo Pestum, bekannter Schriftsteller und Film-, Funk- und Fernsehautor, lebt und arbeitet im Münsterland. In den Geschichten von Lena und dem alten Pferdehof erzählt er spannende Erlebnisse einer Familie mit Tieren.

Jo Pestum

Neue Abenteuer auf dem Pferdehof

Ravensburger Buchverlag

Lizenzausgabe als
Ravensburger Taschenbuch
Band 54186,
erschienen 2002

Die Originalausgaben erschienen
1993 („Lenas Fahrt zum großen Fest“) und
1994 („Rettet Robinson!“)
im Franz Schneider Verlag, München

Umschlagillustration: Thomas Thiemeyer

RTB-Reihenkonzeption:
Heinrich Paravicini, Jens Schmidt

**Die Schreibweise entspricht den Regeln
der neuen Rechtschreibung.**

Printed in Denmark

5 4 3 2 1 06 05 04 03 02

ISBN 3-473-54186-9

www.ravensburger.de

Inhalt

Lenas Fahrt zum großen Fest

Rettet Robinson!

Lenas Fahrt zum großen Fest

Besuch auf dem Pferdehof

Endlich! Der Schulgong schepperte zwar wie ein alter Eimer, doch jetzt verkündete der blecherne Ton den Beginn der Ferien, und darum klang er in Lenas Ohren wie süßes Glockengeläute.

In der ersten Stunde hatte Deutschlehrer Seliger vergeblich versucht, die Mädchen und Jungen zu einem Gespräch über das Gedicht *Weihnachtslied, chemisch gereinigt* von Erich Kästner zu ermuntern. An jedem anderen Tag hätten sie gewiss Spaß gehabt an dieser spöttischen Fassung des Liedes *Morgen, Kinder, wird's was geben*, aber doch nicht am letzten Schultag vor den Ferien!

In der zweiten Stunde hatte der eifrige Referendar Kümmel, dem bereits in jungen Jahren die Haare ausgefallen waren, den Erdkundeunterricht dazu genutzt, mit Hilfe einer Landkarte die Entstehung des Staates Israel zu erklären. An jedem anderen Tag hätte er vielleicht aufmerksame Zuhörer gehabt, die auch kritische Fragen gestellt hätten, aber doch nicht am letzten Schultag vor den Ferien!

In der dritten Stunde wollte Frau Spinn, die von allen natürlich nur Missis Spider genannt wurde, ihren Schülerinnen und Schülern das Kanon-Liedchen *Hello, my little Boy* beibringen, das sie selber lustig fand, obwohl es den Kindern eher albern vorkam, doch dann gab sie ihr Vorhaben entnervt auf. An jedem anderen Tag hätten die Leutchen aus der siebten Klasse wahrscheinlich Lust auf einen musikalischen Englischunterricht gehabt, aber doch nicht am letzten Schultag vor den Ferien!

Und dann schepperte endlich der Schulgong. Schluss! Aus! Ferien! Noch schneller als sonst stürmten alle zur Tür. Die Weihnachtsgrüße und Neujahrswünsche von Missis Spider hörten sie nicht mehr.

Kreischend und lachend schwadronierten die Jungen und Mädchen von zu erwartenden Geschenken. Frannes schwärmte von neuen Programmen für seinen PC, Marita redete von einem Hund aus dem Tierheim, Ioannis erklärte mit Händen und Füßen die elektrische Lichtschranke, die er für das Gartentor konstruiert hatte und mit der er seine Eltern überraschen wollte. Lena hielt sich lachend die Ohren zu. Was für ein Lärm!

Die gesamte Droste-Schule wirkte wie ein Irrenhaus. Auf dem Schulhof hüpften und tanzten die Kinder wie verrückte Clowns. Die älteren Schülerinnen und Schüler bemühten sich, gelassen und cool zu wirken, doch auch sie strebten hastiger als sonst dem flachen Schuppen zu, wo die Fahrräder, Mofas und Mopeds untergestellt waren. Der große Tannenbaum vor dem Schulportal schwankte im Regenwind, die bunten Kerzenbirnen klingelten wie Silberschellen.

Der Schulbus rollte knurrend aus der Haltebucht. An

diesem Tag saß Frau Hulscher, die Besitzerin des Busunternehmens, selber am Steuer. Sie hatte die Heizungsklappen so weit geöffnet, dass Lena sie in Verdacht hatte, sie wollte ihre Fahrgäste braten. Plärrende Chorgesänge drangen schmerzhaft aus den Lautsprechern. Viele Kinder schrien oder pfiffen die Melodie von *White Christmas* mit. Die feuchten Jacken und Mäntel dampften. Wie üblich war der Bus auf dem ersten Teil der Strecke proppevoll.

„Dass die Leute zu Weihnachten immer anfangen zu spinnen!“ Annette kicherte. Sie saß eingequetscht auf dem Fensterplatz neben Lena.

„Kann man nichts gegen machen“, antwortete Lena. „Mein Vater sagt immer: Zu Weihnachten werden alle triefherzig, dann spenden sie ein paar Mark und beruhigen ihr Gewissen, und nach dem Vollrausch zu Silvester benehmen sie sich wieder wie die Kannibalen.“

Annette lachte laut. „Da ist was dran! Sag mal, was spielt sich denn bei euch zu Hause so an Weihnachten ab? Macht ihr richtig mit Baumschmücken und Bescherung und solchem Tralala?“

Lena war von der Frage der Freundin überrascht. Sie hatte nie darüber nachgedacht. Als sie noch in der Großstadt wohnten, hatten sie immer eine kleine Fichte mit Wurzeln gehabt, weil Pitt darauf bestand. Die Bäumchen waren später in den Vorgarten gepflanzt worden. Aber dies würde nun die erste Weihnacht auf dem Pferdehof sein, und sie hatten noch nicht darüber gesprochen, wie sie die Feiertage begehen wollten. Lena antwortete ausweichend: „Vermutlich machen wir ganz ruhig in Familie. Ohne Besuch und so. Kleine persönliche Geschenke wird's geben. Was Selbstgemachtes. Meine Eltern hassen diese vorweihnachtliche Einkaufshysterie, von der die gesamte Bevölkerung befallen wird. Ich finde sie übrigens auch bescheuert. Pitt sieht das natürlich anders. Der ist raffgierig und verfressen."

„Das brauchst du mir nicht zu sagen!" Annette wischte mit dem Anorakärmel den Beschlag von der Fensterscheibe. „Ich kenn den Knilch ja!" Sie schüttelte sich die Nässe aus dem kurz geschnittenen weißblonden Haar. „Meine Eltern sind ziemlich konservativ, ich meine, was Weihnachten betrifft. Und Oma Toni erst mal! Wenn wir nicht einen riesigen Ömmes von Weihnachtsbaum in der Diele stehen haben, der genau bis zur Decke reichen muss, dann werden die garantiert todkrank und beißen sich die Ohren ab. Aber in Familie machen wir auch. Meine Schwester Gabriela kommt aus Reutlingen. Die arbeitet da als Versicherungskauffrau. Frag mich bloß nicht, was 'ne Versicherungskauffrau macht!"

Lena boxte Annette in die Seite. „Tu ich auch nicht."

Annette beugte sich zu Lena hinüber und flüsterte: „Sie bringt übrigens ihren Freund mit. Klaus heißt der. Ich kenne den Typ noch gar nicht. Meine Eltern sind ganz kribbelig. Der Lutz taucht morgen schon zu Hause auf."

„Wer ist denn Lutz?“, fragte Lena erstaunt.
Da sprang Annette fast empört vom Sitz auf. „Mein Lieblingsbruder natürlich! Von dem hab ich dir doch schon tausendmal erzählt!“
Lena verteidigte sich. „Klar, von deinem Bruder hast du mir schon mal was erzählt. Dass er Kreismeister im Gespannfahren war und dass er in Göttingen Forstwirtschaft studiert. Aber den Namen Lutz, den hör ich jetzt zum ersten Mal. Hast du ihn sonst nicht Ludger genannt?“
Annette winkte ab. „Vergiss es! Der Lutz heißt ja eigentlich auch Ludger, aber den Namen mag er nicht leiden. Nur Oma Toni und meine Eltern sagen Ludger zu ihm, die anderen nennen ihn Lutz. Alles klar?“
„Alles klar.“ Lena fasste Annette beim Kragen und zog sie auf den Sitz zurück. „Ist er nett?“ Lena fragte das nur so dahin, um die aufgeregte Freundin ein wenig zu beruhigen. Ob er nun Ludger oder Lutz hieß: Was hatte sie schon mit Annettes Bruder zu tun! Dass sie ihre Meinung bald ändern würde, konnte Lena ja jetzt noch nicht wissen.
„Und ob der nett ist! Wäre er sonst mein Lieblingsbruder?“ Annette rieb sich die Hände. „Ich freu mich ganz toll auf ihn!“ Dann sagte sie: „Ich hab eben schon große Geschwister. Du weißt doch, dass ich das doofe kleine Nesthäkchen bin, die Nachzüglerin.“ Annette kicherte albern.

Lena ließ sich von Annettes übermütiger Laune anstecken. „Dass du doof bist, weiß ich schon lange!“ Und dann quiekte Lena los, weil sie sich heftig gegen Annettes Kitzelangriffe wehren musste.

Der Schulbus hatte inzwischen den Außenbezirk von Habichtsbeek erreicht. An jeder Haltestelle polterten Scharen von Schülerinnen und Schülern nach draußen und brüllten dabei irgendwelchen Quatsch. Ferien! Da hat man jede Menge Recht auf Blödsinn.

Lena schaute hinaus auf die triefende Landschaft. Fisselregen, knorrige Weidenbäume im Nebel, düsterer Himmel über grauen Wiesen und schwarzen Äckern, Feldscheunen und kleine Kotten wie Spukhäuser, abweisend wie unbewohnte Burgen die einsamen Gehöfte im flachen Land: Lena liebte das Münsterland auch in der dunklen Jahreszeit, während Pitt es verächtlich Matschland nannte. Als Lena und Annette schließlich beim Hof von Schulze-Gehling ausstiegen, waren nur noch die Kinder von der Großgärtnerei in Frau Hulschers Bus.

Lena lief zu ihrem Fahrrad, das wie immer an der Mauer hinter dem Hoftor abgestellt war. „Ich krieg übrigens auch Besuch!“, rief sie Annette nach, die zum Wohnhaus eilte. „Meine alten Freundinnen aus der Stadt. Mein Vater bringt sie mit. Sie bleiben über Nacht auf dem Pferdehof. Du, ich bin riesig gespannt!“

Annette hatte sich ganz plötzlich auf dem Absatz umgedreht und starrte Lena beinahe giftig an. „So, bist du

das? Wie schön für dich!"
Lena fasste sich an den Kopf. „Mensch, Annette! Bist du etwa eifersüchtig?"
„Ich und eifersüchtig? Pah! Was du dir da wieder einbildest!" Annette schlug mit einer heftigen Handbewegung durch die Luft, als müsste sie einen unsichtbaren Feind verprügeln, und war wenige Sekunden später im Haus verschwunden.
Lena war so sehr in Gedanken, als sie nach Hause zum Pferdehof radelte, dass sie die Kälte an den Händen und die Regentropfen im Gesicht kaum spürte. Ob Annette wirklich eifersüchtig war auf Kerstin und Dörthe? Erst jetzt machte Lena sich richtig klar, dass sie die beiden Freundinnen seit dem Auszug aus der Stadt nicht mehr gesehen hatte, und das war immerhin ein halbes Jahr her. Lena dachte: Und dabei hatten wir uns doch hoch und heilig geschworen, dass wir uns nicht aus den Augen verlieren würden! Und wenn Dörthe nicht angerufen hätte am vergangenen Sonntag, hätte ich mich dann von mir aus bei den beiden gemeldet? Lena spürte auf einmal so etwas wie ein Schuldgefühl. Da war plötzlich die wichtige Frage: Freue ich mich auf Kerstin und Dörthe? Die Antwort fand sie nicht mehr. Denn als Lena über den Kiesweg das Heckenrosenrondell auf dem Vorplatz des Pferdehofes umkurvte, sah sie den weinroten Peugeot aus Methusalems Zeiten, der gehörte dem Organisten von Uhlendorf. Alois Raderschall gab nebenher Kla-

vierunterricht, und zwar nicht aus pädagogischer Sorge um den Pianistennachwuchs, sondern um sein kümmerliches Gehalt aufzubessern. Einer seiner schlechtesten Schüler war Pitt.

Und Pitt schlug auch nur unter Protest in die Tasten. Eigentlich träumte er schon seit Monaten von der Welle der Begeisterung, von der die Band *The hot Potatoes* von einem Riesenerfolg zum anderen geschwemmt würde, wenn sie ihre Welthits in allen Ländern vor gigantischen Publikumsmengen mit ihren 3000-Watt-Anlagen erdröhnen lassen würden. *The hot Potatoes:* Das waren der Gitarrist Simon, der Bassmann Wanja und der Schlagzeuger Pitt, alle aus der vierten Klasse der Grundschule in Uhlendorf. Als Sängerin wollten sie Eva-Maria verpflichten, doch die sträubte sich beharrlich, weil sie sich lieber dem Training mit ihrem Pony Tarzan widmete als den drei Starmusikern. Simon und Wanja spielten übrigens auf schnurbespannten Stöcken, während Pitt auf Pappkartons, Blechkanistern und Plastikeimern trommelte. Pitt behauptete, er beherrsche sein Schlagzeug schon professionell und brauche nun unbedingt eine Schießbude wie Carl Palmer.

Lena musste unwillkürlich lachen, als sie an Pitts Auseinandersetzung mit den Eltern dachte. Gregor hatte erklärt, gegen die Anschaffung eines Schlagzeuges sei grundsätzlich nichts einzuwenden, doch erstens habe er das Geld dafür nicht übrig und zweitens müsse nach seinem Verständnis ein Musiker erst einmal Noten und die Grundbegriffe der Musik lernen. Hanna, die wie stets praktisch dachte, entschied, dass sich dafür der Klavierunterricht besonders eignet, zumal sowieso ein solches Instrument vorhanden sei. Und so war es zur Zusammenarbeit von Pitt und Herrn Raderschall gekommen. Eigentlich war es mehr ein Zweikampf.

Lena schob ihr Fahrrad in die Scheune. Aus dem Wohnzimmer wimmerte der Viervierteltakt vom *Tanz des Schweinehirten*. Pitt übte dieses kleine Stück von Béla Bartók schon seit Wochen. In sein verzögertes Klimpern bettelte Alois Raderschalls Fistelstimme ununterbrochen: „Allegro! Allegro!" Es hörte sich steinerweichend an: Pitts Klavierspiel und die Bitten des Organisten.

Lena rannte zur Hauskoppel. Trotz des nassen Wetters waren die Haflinger, Pitts kurzbeiniges Pony Sturmwind mit dem Harlekinfell und der Ziegenbock Xerxes auf der Weide. Tewes wollte es, dass die Tiere tagsüber so viel wie eben möglich im Freien liefen, weil das nach seiner Erfahrung abhärtete.

Motte und Benno wiegten fröhlich die Köpfe, als sie Lena erkannten. Mux, das verspielte Fohlen, kam auskeilend gesprungen und übte sich im Wiehern, doch es ging ziemlich daneben. Xerxes riskierte nur kurz ein Auge und mümmelte dann weiter das spärlich wachsende Gras.

Lena kletterte auf das Gatter und kraulte die weichen

Hälse der Haflinger. „Schöne Pferde seid ihr!“, sagte sie. Dann zog sie einen eingetrockneten Apfelschnitz aus der Anoraktasche und hielt ihn Mux vor die Nase, der nahm ihn nur zögernd. „Du verwöhnter Halbstarker, du!“, rief Lena lachend.

Im großen Stall wartete Raja. Die alte Stute hatte längst Lenas Stimme gehört. Regenwetter war schlecht für ihre Gelenke, darum musste sie im Stall bleiben. Sie nahm das wie alles mit großer Geduld hin. Lena presste ihr Gesicht gegen die Backe des großen Pferdes, ließ die eine Hand über das schorfige Fell gleiten und streichelte mit der anderen Rajas Lippen. So standen sie minutenlang. Lena hätte vorher nicht geglaubt, dass sie einmal eine so innige Zuneigung zu einem Tier empfinden würde.

„Du bist die Allerschönste!“, flüsterte sie der Stute zu. Das sanfte Pferd schnaubte leise. Lena wusste, dass Raja lächeln konnte, doch das verriet sie niemandem. Sie drückte der Stute einen Abschiedskuss auf die Nase und verließ den Stall.

Lena ging durch die Seitentür in die Küche. Aus dem zischelnden Suppentopf stiegen angenehme Düfte auf. Vorn in der Wohnhalle hackte Pitt noch immer auf dem Klavier herum. Wuschelhündin Ronja jaulte jämmerlich die Begleitung dazu. Hanna saß in ihrem Arbeitszimmer am Computer und schien nicht recht weiterzukommen.

„Hallo, Hanna!“ Lena gab der Mutter einen Klaps auf die Schulter. „Uff, endlich Ferien!“

„Hallo, Lenamädchen! Du hast Ferien und ich zermartere mir hier das Gehirn. Ganz schön ungerecht."
„Was machst du denn da?"
„Ich versuche, einen lyrischen Text aus dem Schwedischen zu übersetzen. Aber wie soll man sich bloß bei Pitts Geklimper konzentrieren!" Hanna lächelte gequält. „Immerhin habe ich in Ronja und Herrn Raderschall zwei Leidensgenossen. Sag mal, Lena, hast du keine Lust, Klavierspielen zu lernen?"
Beinahe entsetzt schüttelte Lena den Kopf. „Ein Versager am Klavier reicht doch wohl für diese Familie, oder? Nee, nee, Hanna, vergiss es! Ich höre dir gern zu, wenn du spielst. Vielleicht könnte ich's später mal mit einem Blasinstrument versuchen. Oboe oder Fagott, also, reizen würd mich das schon."
„Dann lass uns das mal mit Gregor besprechen, Lena!" Hanna stand vom Stuhl auf und streckte sich. „Jetzt wollen wir erst einmal essen." Sie hob den Finger, als plötzlich Stille eintrat im Wohnzimmer. „Na, bitte! Pitt ist schon verhungert."
Alois Raderschall nahm die Einladung zum Mittagessen gern an. Er fingerte sich den wallenden Haarschopf zurecht, der daran erinnerte, dass der Organist sich für einen Künstler hielt, und murmelte, Pitt mache allmählich Fortschritte. Das glaubte ihm aber niemand.
Sie saßen um den runden Tisch in der Küche und löffelten die Gemüsesuppe. Pitt maulte, dass eindeutig zu

wenig Wurst in der Suppe sei, und fütterte mit den Möhrenstückchen die bettelnde Ronja, weil er Möhren nicht mochte. Lena hielt ihm den üblichen Vortrag über die Fleisch fressenden Jungen, welche die Schuld daran trügen, dass es zu viele Schweinemäster, zu viele zusammengepferchte Schweine und zu viel Gülle gebe. Herr Raderschall aß hastig und schweigend, Hanna schaute dauernd auf die Wanduhr und wirkte ein wenig nervös. Und erst da fiel es Lena siedend heiß wieder ein, dass der Vater ja bald mit Kerstin und Dörthe aus der Stadt kommen würde. Merkwürdig, dachte sie, eigentlich müsste ich doch unentwegt dem Wiedersehen mit den alten Freundinnen entgegenfiebern. Ob sie sich sehr verändert haben? Ob sich die alten Freundschaftsgefühle wieder einstellen? Ob wir so vertraut miteinander reden werden wie damals? Lena wusste auch, dass die Frage noch offen war: Freue ich mich wirklich?

An diesem Schmuddelwettertag dunkelte es schon früh. Lena war kaum mit dem Staubwischen in ihrem Wigwam fertig, als sie durch das Fenster ihres Giebelzimmers die Lichtkegel auf der Zufahrt zum Pferdehof wahrnahm. Sekunden später erscholl das fröhliche Gehupe des Vectra.

Sie sind da! Lena spürte plötzlich Schmetterlinge im Bauch, als sie diesen Satz dachte. Dann stürmte sie die Treppe hinunter und rannte beinahe Pitt und Ronja um, die schon in der offenen Haustür standen.

„Lena! Lena!“, schrien Dörthe und Kerstin gellend.

„Dörthe! Kerstin! Dass ihr endlich gekommen seid!“ Lena eilte mit ausgebreiteten Armen auf die beiden Mädchen zu.

Dann begann ein verrückter Indianertanz. Lena, Kerstin und Dörthe hielten sich umschlungen und hüpften und tanzten und kreischten dazu wie am Spieß.

Pitt musste alle Kraft aufbieten, um die bellende und zappelnde Ronja am Halsband festzuhalten, die sich nur zu gern in das Getümmel gestürzt hätte. „Lass die blöden Schnepfen doch!“, knurrte Pitt. „Die sind ja vom wilden Affen gebissen!“

Gregor hob die Sporttaschen von Kerstin und Dörthe aus dem Kofferraum. „Pfui, Pitt, so redet der feine Mann doch nicht!“

Pitt legte den Kopf schief und blinzelte den Vater an. „Ach, jetzt bin ich auf einmal ein feiner Mann? Das ist ja ganz was Neues. Komm, Ronja, lauf mit dem feinen Mann ins Haus! Vielleicht finden wir was zu essen!“

Es dauerte noch Minuten, bis die drei Mädchen die irre Begrüßungszeremonie beendeten. Da war so viel zu fragen und zu sagen. Sie brabbelten und gluckten sich die heißesten Neuigkeiten zu, starrten sich an und konnten nicht aufhören zu kichern. Doch Lena fühlte, dass dies alles ein Versuch war, die Unsicherheit zu überspielen.

Kerstin und Dörthe hatten von rund tausend Leuten Grüße auszurichten. Für Lena hatten sie die neue CD von Phil Collins mitgebracht, für Hanna einen Rosenstrauß.

„Typisch!“, fauchte Pitt. „Ich krieg wieder nix.“

Dörthe pellte sich aus ihrem Polarforscher-Outfit: wattierter Anorak, Moonboots, Lappländermütze. Kerstin zog das Regenzeug aus.

Die Fassade des imposanten Wohnhauses mit den geschnitzten Pferdeköpfen am Giebel hatten die Besucherinnen schon gebührend bestaunt. Kurz darauf bewunderten Kerstin und Dörthe mit lauten „Ohs“ und „Ahs“ die große Wohnhalle mit dem alten Gebälk, den gewaltigen steinernen Kamin, die geschwungene Treppe zum Obergeschoss, die gekachelte Küche und die Nebenräume.

„Kommt, ich zeige euch jetzt unsere Tiere!“, rief Lena.

Aber zuerst wollten Kerstin und Dörthe Lenas Wigwam sehen. Angeführt von Ronja eilten die Mädchen nach oben. Gregor schaute ihnen schmunzelnd nach, dann stopfte er sich eine Pfeife.

„Weiber!“, murmelte Pitt. Doch da hörte er Tewes’ altes Moped draußen knattern, und schon hellte sich sein Gesicht auf. Er würde heute mit dem alten Stallmeister die Tiere von der Weide holen. Er! Und nicht Lena.

Kerstin und Dörthe waren hingerissen von Lenas Zimmer unter dem Dach. Ja, es war wirklich wie ein Indianerwigwam! Wer – außer Lena – durfte schon in solch einem herrlichen Zimmer wohnen!

„Mensch, Lena, ich beneide dich“, sagte Dörthe.

Kerstin streckte sich auf dem Bett aus. „Irrsinnig gemütlich. Irr-sin-nig! Wenn ich das in der Schule erzähle, wow! Werden die staunen!“

Regen trommelte gegen die Fensterscheiben. Der Wind tuschelte in den kahlen Zweigen der Ulmen. Weit in der Ferne klagten Wildtauben.

„He, sollen wir drei nicht das Abendessen machen?“, fragte Kerstin plötzlich. „Wie in alten Zeiten!“

Dörthe war sofort dafür. „Ja, wie in alten Zeiten.“

„Und die Tiere?“ Lena protestierte. „Wollt ihr nicht erst mal unsere Tiere sehen?“

„Das machen wir morgen“, sagte Dörthe. „Die laufen uns doch nicht weg.“

Lena nickte, doch es machte sie traurig, dass Kerstin und Dörthe die Pferde und den Ziegenbock nicht sehen wollten. Und sie begriff, dass die alten Zeiten unwiderruflich vorbei waren.

„Also gut, machen wir das Abendessen“, sagte Lena. „Wie in alten Zeiten.“

Abschiedstränen

Im Kamin zischelte die Glut. Hanna lag auf dem Ledersofa und las die Zeitung. Gregor und Pitt pokerten um Streichhölzer. Ronja nagte am Teppichrand.

Die Mädchen hatten sich Schürzen vorgebunden und machten sich in der Küche mit ausgelassenem Eifer daran, ein erstklassiges Abendessen zuzubereiten. Italienisch: Darauf hatten sie sich rasch geeinigt. Im Gänsemarsch stolzierten sie ins Wohnzimmer, stellten sich nebeneinander auf und unterbreiteten ihren Vorschlag.

Kerstin verkündete: „Als Vorspeise *Tortino di patate all'aglio*, alle einverstanden?“

„Was für'n Zeug?“, fragte Pitt entsetzt.

„Das sind Kartoffelküchlein mit Knoblauch“, erklärte Kerstin. „Dass du das nicht weißt!“

Hanna und Gregor waren einverstanden, Pitt enthielt sich der Stimme. Ronja stieß einen fröhlichen Jaulton aus, sie schien zu spüren, dass über etwas Essbares geredet wurde.

Den Namen des Hauptgerichts las Dörthe von ihrem Zettel ab: *„Pappardelle rosa alla salsa di porro!“* Und ehe Pitt eine blöde Bemerkung dazu machen konnte, fügte sie hinzu: „Es handelt sich hierbei um Tomaten-Bandnudeln mit Lauchsoße.“

„Und Fleisch? Ist in dem Essen kein Fleisch drin?“ Pitt ließ enttäuscht die Spielkarten auf den Tisch fallen.

„Nein“, sagte Lena schadenfroh, „da ist kein Fleisch drin. Wir servieren ein Essen für Genießer und nicht für Banausen. Zum Nachtisch gibt es *Gelato al caramello*. Da ist übrigens auch kein Fleisch drin.“

Gelato! Dass es sich um Eis handelte, das irgendwie mit Karamell zu tun hatte, begriff Pitt sofort, und es versöhnte ihn ein bisschen. Auf Eis war er zu allen Jahreszeiten scharf.

Gregor fragte: „Und an welche Getränke zu diesem köstlichen Mahl haben die Damen gedacht?“

Dörthe breitete die Arme aus. „Ist doch klar, dass wir unsere alte Spezialerfindung kredenzen! Früchtetee mit Saft von ausgepressten Orangen, zerstoßenen Nelken und Zimtstangen.“

„Katzenhaare, Fußnägel und Kinderpipi würde ich dann aber auch noch reinschütten!“, maulte Pitt. „Gibt's wenigstens Cola?“

„Weder Cola noch Ketschup“, antwortete Lena hart.

„Wir haben da noch einen ausgezeichneten *Brunello* aus der Toskana im Keller“, gab Gregor zu bedenken, „der würde auch hervorragend zu dieser Speisenfolge passen. Ist es gestattet, dass Hanna und ich statt eurer Spezialerfindung also ein Gläschen Wein trinken?“

Die drei Mädchen nickten gnädig und eilten wieder in die Küche. Lena genoss es, mit den alten Freundinnen ohne viel Gerede etwas zu schaffen. Herrliche Düfte erfüllten die Küche, die Arbeit ging ihnen gut von der Hand, und als sie dann den Tisch gedeckt hatten und zum Essen riefen, waren sie sehr stolz.

Hanna und Gregor lobten die tollen Köchinnen und meinten es ehrlich. Pitt verriet nicht, dass auch ihm das italienische Essen schmeckte, und schaufelte schweigend so viel wie möglich in sich hinein; er ließ die eine oder andere Bandnudel auch unter den Tisch gleiten, wo die Wuschelhündin hockte.

Später saßen sie alle, wohlig gesättigt, in der Wohnhalle. Kerstin und Dörthe erzählten von zu Hause, Lena ließ die CD laufen, die sie geschenkt bekommen hatte, und Pitt hatte wieder einmal etwas zu meckern.

„Hört euch das bloß an!“, höhnte er. „Der Gruppe von Phil Collins fehlt doch eindeutig ein anständiger Schlagzeuger mit einem richtigen Drive.“

Da musste Lena laut lachen. „Klar, einer, der Pitt heißt! Der mit den weltberühmten wirbelnden Drumsticks. Brüderchen, du gibst mal wieder an wie so’n Sack Seife!“

Pitt zog sich schmollend mit Ronja zurück. Das heißt, sie verschwanden zwar in Pitts Zimmer, doch später, als auch die anderen schlafen gegangen waren, schlichen sie in die Küche zurück und futterten zusammen die Knackwürstchen, die noch im Kühlschrank lagen. Das merkte aber keiner.

Lena, Dörthe und Kerstin dachten natürlich noch lange nicht ans Schlafen. Sie hatten die Matratze von Lenas Bett auf den Fußboden gelegt und dazu die Matratze aus dem Gästezimmer. Mit den Decken und Kissen kuschelten sie sich auf diesem Nachtlager dicht zusammen, und erst hier in Lenas Wigwam flüsterten und kicherten sie über die geheimen Neuigkeiten, die nicht unbedingt für die Ohren der Erwachsenen bestimmt waren.
Dörthe berichtete, dass Schönling Harry sich in die langweilige Trixi verknallt habe und dass Kerstin jetzt eifersüchtig sei. Kerstin stritt das selbstverständlich ab und verriet Lena hämisch, dass Dörthe dem schüchternen Französischlehrer schöne Augen mache und eine richtige Streberin geworden sei. Das artete in eine Art Ringkampf aus, und als Dörthe und Kerstin dann prustend und nach Atem ringend wieder Frieden schlossen, sprudelten sie im Duett alles heraus, was Lena angeblich unbedingt wissen musste. Angelas Modefimmel, die Scheidung von Renés Eltern, Mirkos Fahrradsturz, die Schwangerschaft der jungen Referendarin, der große neue Fernsehapparat mit dem Superbildschirm, die Winterkollektion in Twiggy Blue's Boutique, die Menstruationsbeschwerden von Roxana und das Toupet des Sportlehrers: alles wurde eifrig durchgesprochen. Es gab ja so viel zu erzählen!
Lena hörte zuerst neugierig zu, doch dann merkte sie erstaunt, dass es eigentlich nur die Stimmen der beiden

Mädchen waren, denen sie lauschte, und dass das, was sie so hastig mitteilten, zum Wortgeklingel wurde. Lena dachte: Das geht mich doch alles gar nichts mehr an. Soll Melanie sich doch das Haar rosa färben, soll Michael doch alle zu seinem Geburtstag einladen, soll Anja doch Stöckelschuhe tragen! Na und? Was hab ich damit zu tun? Das ist alles so weit weg von mir. Und Lena dachte auch: Kerstin und Dörthe labern die ganze Zeit, mich lassen sie überhaupt nicht reden.

Irgendwann, da war Mitternacht nicht mehr fern, wurde es still in Lenas Zimmer. Zuerst schlief Dörthe ein, dann begann Kerstin mit leisen Pfeiftönen zu schnarchen. Lena fühlte sich auch hundemüde, aber sie konnte nicht einschlafen. In ihrem Kopf brannte das Licht noch hell, so viele Gedanken wollten noch geordnet werden. Lena spürte auch, dass ihr die Anwesenheit der beiden Mädchen in ihrem geheimen Wigwam auf einmal ein wenig unangenehm war. Sie hörte dem unregelmäßigen Rauschen der Ulmen und den spukigen Geräuschen im Dachgebälk zu. So ein altes Haus kam nie wirklich zur Ruhe.

Aber geschlafen hatte Lena dann doch, und zwar tief und fest, denn sie erschrak, als plötzlich die Tür aufflog und eine Büffelherde ins Zimmer stürmte. Die Büffel waren Pitt und Ronja. Die Wuschelhündin schüttelte sich heftig, und die Nässetropfen aus ihrem dunklen Fell hüllten das kleine Zimmer in eine Art Sprühregen.

Dörthe und Kerstin kreischten auf, als Ronja ihnen liebevoll die Gesichter abschleckte.
„Aufstehen, ihr Pennerinnen!“, brüllte Pitt. „Ich will euch endlich zeigen, was für ein erstklassiger Reiter ich bin! Und einen Rehbock haben wir unten am Bach auch schon aufgescheucht, die Ronja und ich.“
Lena, Kerstin und Dörthe wühlten sich aus den Decken. Die stürmische Freude der Hündin steckte an. Bald erscholl dreistimmiger Gesang aus dem Badezimmer, begleitet von Gelächter und Geplatsche und fröhlichem Geschrei. Lachend polterten die Mädchen dann hinunter in die Küche, wo der Frühstückstisch gedeckt war.
„Hab ich alles gemacht!“, schrie Pitt. Er wuchtete die gusseiserne Pfanne von der Herdplatte auf den Tisch. „Spiegeleier mit Schinken!“
Die Mädchen wollten aber lieber Müsli mit Erdbeerquark und Marmeladenbrote essen. Hatte Pitt damit gerechnet? Wortlos machte er sich über die Spiegeleier her. Da kam Hanna in die Küche, sie hatte schon eine Weile an ihrer Übersetzung gearbeitet. „Hallo, guten Morgen, ihr Langschläferinnen! Wie war die Nacht?“
„Kurz“, murmelte Lena.
„Ich hab wunderbar geratzt“, sagte Kerstin. „Vielleicht hat’s die gute Landluft gemacht.“
„Und ich erst mal!“ Dörthe blies die Backen auf. „Von wilden Schwänen habe ich geträumt und von Neujahrsraketen. Ist das nicht komisch?“

„Warum hast du denn nicht von Pferden geträumt?“, fragte Pitt mit vollem Mund. Bis zu den Ohren war er mit Eigelb beschmiert.

„Pitt!“, rief Hanna empört. „Das darf doch nicht wahr sein! Du hast doch schon mit Gregor gefrühstückt!“

„Das ist schon lange her“, gab Pitt kauend zurück.

„Eines Tages platzt er“, erklärte Lena ihren Freundinnen.

„Aber vorher zeige ich euch meine Reiterkunststücke!“ Pitt wischte sich den Mund an der Tischdecke ab. „Auf geht's!“

Lena und Kerstin zogen ihre Regenjacken an, Dörthe verkleidete sich wieder als Polarforscherin. Umhüpft von Ronja eilten sie lärmend aus dem Haus. Regenwind schlug ihnen entgegen.

Pitt war als Erster beim Pferdestall. „Und jetzt zeige ich euch unsere Supertiere!“, verkündete er Dörthe und Kerstin und riss schwungvoll die Stalltür auf. „Ich bitte um Beifall!“

Während Lena die Haken der Blendläden öffnete und Licht in den Stall ließ, betraten Kerstin und Dörthe erwartungsvoll und ängstlich zugleich das Wohnhaus der sechs Tiere. Dörthe stieß einen kleinen Schrei aus, als sie sah, dass die Pferde nicht in den Ständern festgemacht waren, sondern zusammen mit dem Pony, dem Fohlen und dem Ziegenbock frei herumliefen. Der Stall, der einst für zwei Dutzend Pferde gebaut worden war, bot

ihnen Platz genug, und sie kamen ja auch friedlich miteinander aus.
Zuerst kam Mux angetrippelt, um sich bei Lena seinen Apfelschnitz zu holen. Er schob Kerstin und Dörthe achtlos zur Seite und stieß fiepsiges Wiehern aus, als er Lena draußen entdeckte. Um Ronja machte er einen großen Bogen.
„Ist der süß!“, jubelte Kerstin. „Darf ich das Fohlen streicheln? Oder ist es bissig?“
„Mux beißt dir die Hand bis zum Ellenbogen ab, wenn du ihn berührst“, knurrte Pitt. Er hatte nämlich fest damit gerechnet, dass die beiden Besucherinnen zuerst einmal sein Pony Sturmwind bewundert hätten.
Kerstin und Dörthe beschmusten inzwischen ausgiebig die beiden Haflinger, was Motte und Benno augenscheinlich sehr gefiel. Lena schüttete das Futtergemisch, das Tewes am Abend vorher in der Futterkammer zubereitet hatte, in die Tröge und schleppte Wasser heran. Raja schaute ihr dabei aufmerksam zu. Der kleine Sturmwind stand wie üblich abseits und wirkte ein bisschen traurig. Xerxes mahnte meckernd sein Heufrühstück an. Das Fohlen Mux veranstaltete draußen vor dem Stall ein Wetthüpfen mit der Wuschelhündin.
Dörthe ging zu Lena hinüber, als die Pferde die Köpfe in die Tröge senkten und zu fressen begannen. „Das ist aber ein alter Klepper!“ Sie zeigte auf Raja. „Kriegt der bei euch sein Gnadenbrot?“

Klepper! Gnadenbrot! Diese Wörter trafen Lena wie Stromstöße. Wie konnte Dörthe nur so etwas sagen! Lena konnte sich nur mühsam beherrschen. „Raja ist meine Freundin, und sie ist das schönste Pferd der Welt. Spürst du nicht, wie zärtlich sie ist? Hast du nicht ihren Blick gesehen?"

Dörthe widersprach heftig. „Unter einem schönen Pferd stelle ich mir aber was anderes vor! Du musst doch zugeben, dass deine Raja schon uralt ist, oder? Ganz braune Zähne und ..."

Zornig schlug Lena mit der Faust gegen den Stützbalken. „Was du für einen Scheiß redest, Dörthe! Alte Menschen können schön sein und alte Pferde auch. Du kennst Pferde ja bloß aus Bilderbüchern und Reklamekalendern!"

„Streitet euch nicht!", bat Kerstin. „Jeder hat eben einen eigenen Geschmack. Ob wir vielleicht mal ein bisschen reiten können? Da hätte ich Lust drauf."

„Erst müsst ihr mir zuschauen!", forderte Pitt. Er hatte seinem Sturmwind in der Zwischenzeit das Zaumzeug angelegt und den kleinen Sattel aufgelegt, obwohl er wusste, dass Tewes es nicht leiden konnte, wenn man den Tieren nach dem Fressen nicht erst Ruhe gönnte.

Hanna erschien. Sie hatte den roten Kapuzenmantel an und sah aus wie ein Nikolaus ohne Bart. „Ich wollte nur mal schauen, ob ihr auch keinen Unsinn macht."

Gemeinsam mit den Mädchen sah sie zu, wie das Pony

Sturmwind gemächlich über die Hauskoppel trottete und wie der Reiter Pitt mit kühnem Lächeln die Arme ausstreckte, um allen zu zeigen, dass einer wie er selbst beim schärfsten Galopp sicher im Sattel sitzt, ohne sich festzuhalten.

„Was für ein ulkiges buntes Pony!", gluckste Kerstin. „Dass es mit den kurzen Stummelbeinen überhaupt laufen kann!"

„Im Fernsehen sind die Ponys viel schicker", sagte Lena bitter und hatte schon wieder Mühe, nicht aus der Haut zu fahren. „Aber wir sind hier nicht im Fernsehen. Unser Vater hat den kleinen Sturmwind nach einem Ponyturnier auf der Auktion gekauft, weil niemand den Knubbel mit den kurzen Beinen haben wollte. Und der stand da so betrübt und einsam. Pitt ist sehr stolz auf sein Pony. Los, klatscht tüchtig Beifall, bitte!"

Kerstin und Dörthe spendeten also Applaus, aber große Begeisterung merkte man ihnen nicht an. Sie durften dann auf Benno und Motte sitzen und im Schritt ein paar Runden auf der Hausweide drehen. Weil beide vorher noch nie im Sattel gesessen hatten, war das natürlich ein spannendes Abenteuer für sie. Hanna achtete darauf, dass die Pferde langsam gingen. Dörthe zerrte übertrieben lebhaft an Mottes Zügel, zappelte wie ein Clown und erklärte, sie fühle sich wie ein richtiges Cowgirl. Kerstin hockte zwar ziemlich verkrampft im Sattel, lächelte aber dennoch selig vor sich hin.

Pitt spottete: „Die Kerstin hat die Hose voll!“

Nach einer Viertelstunde hatten Dörthe und Kerstin die Lust an den Pferden verloren. Hanna und Lena sattelten Benno und Motte ab. Und da kam plötzlich jemand in irrsinnigem Tempo auf seinem Mountainbike gerast, vollführte eine rasante Vollbremsung und landete auf dem Hosenboden.

„Ioannis!“, schrie Pitt voll Freude.

„Wer ist das denn?“, flüsterte Kerstin Lena zu. „Ein Ausländer?“ Sie guckte beinahe erschrocken.

Lena sagte: „Ioannis ist Grieche. Er ist kein Ausländer.“

„He, wo ist denn da der Unterschied?“, wollte Kerstin wissen.

Lena tat so, als hätte sie die Frage nicht gehört. Sie wollte nicht antworten, weil Kerstin sie wahrscheinlich doch nicht verstehen würde. Sie sagte: „Ioannis ist der Besitzer des Ziegenbocks.“

Das hatte Ioannis gehört. Er streifte das Regenwasser aus seinem dunklen Haarschopf und erhob sich würdevoll. „Der Xerxes ist der stärkste Ziegenbock des Münsterlandes.“

„Das glaube ich nicht“, zweifelte Dörthe. „Ich hab schon viel größere Ziegenböcke gesehen.“ Sie griff nach Xerxes’ Hörnern und begann kräftig zu schütteln. „Wehr dich, du Ziegenbock!“

„Nicht an den Hörnern ziehen!“, rief Ioannis. „Vorsicht, das kann er nicht leiden!“

Die Warnung kam zu spät. Xerxes stemmte die Hinterbeine in den Boden, spannte sie kurz wie eine Sprungfeder und schoss dann mit einem so plötzlichen Ruck nach vorn, dass die verdutzte Dörthe nicht einmal Zeit hatte, einen Schreckensschrei auszustoßen, bevor sie rücklings ins klatschnasse Gras plumpste.

Hohngelächter erscholl. Dann riefen Lena, Kerstin, Pitt und Ioannis im Takt: „Zu-ga-be! Zu-ga-be!"

Hanna lachte nicht. Sie half der eingesudelten Dörthe auf die Beine und wehrte den Ziegenbock ab, der die Aufforderung zur Zugabe anscheinend verstanden hatte und schon wieder Anlauf nahm.

„Ihr seid alle doof!", schrie Dörthe den Lachern zu und war den Tränen nahe. „Meine neuen Sachen! Seht ihr nicht, wie eingesaut ich bin?"

„Das trocknet wieder", tröstete Hanna. „Vielleicht macht ihr mal einen kleinen Spaziergang, ihr drei Mädchen. Lena möchte euch bestimmt gern ein bisschen von der Umgebung zeigen."

„Aber ich muss den Stall ausmisten", sagte Lena.

„Das mache ich", erklärte Ioannis, „ich bin Spezialist."

„Ich bin auch Spezialist!", krähte Pitt. „Ich helfe mit."

Und so schlenderten die Mädchen also durch den Nieselregen. Lena zeigte den alten Freundinnen die Scheune und die leeren Rotschwänzchennester im Dachstuhl, den Bauerngarten und die Käuzchenlöcher, die Rosensträucher hinter dem Haus und die verrußte alte Schmiede.

Doch jetzt im Winter fehlten die Farben, und alles wirkte ein wenig traurig. Dass Lena diese Stimmung mochte, würden Dörthe und Kerstin gewiss nicht verstehen können. Darum hielt Lena einfach den Mund, als die beiden über das schlechte Wetter schimpften. Was ist eigentlich schlechtes Wetter? dachte Lena.

Sie liefen auch zum Bach unten in den Wiesen hinunter, wo Ioannis immer vergeblich Forellen zu angeln versuchte. Die Wellen flüsterten leise, der Regen brachte die Wasseroberfläche zum Sprudeln, der Wind flötete in den Kopfweiden.

„Ist es nicht schön hier?", fragte Lena.

„Vor allem ist es kalt." Dörthe zitterte trotz der dicken Winterkleidung. Und dann fragte sie beinahe nebenher: „Hast du hier eigentlich eine neue Freundin, Lena?"

„Die Annette aus meiner Klasse. Sie ist übrigens eine richtig ernsthafte Springreiterin. Ihr Pferd heißt Odin, er ist ein Fuchswallach. He, der Hof von Schulze-Gehling ist höchstens zwei Kilometer entfernt! Sollen wir die Annette mal besuchen?"

„Das fehlte noch!", antwortete Dörthe spitz.

„Ich will sie auch nicht sehen", erklärte Kerstin entschieden.

„Dann hab ich einen anderen Vorschlag", sagte Lena. „Wir besuchen Tewes. Er war früher Stallmeister auf dem Pferdehof, und jetzt kümmert er sich um unsere Tiere. Ohne ihn ständen wir manchmal ganz schön auf dem Schlauch. Aber er weiß alles über Pferde, das kann ich euch flüstern. Lacht nicht, wenn ihr ihn seht, hört ihr? Er ist nämlich ziemlich klein, so eins sechzig höchstens, aber dafür ist er so breit wie hoch. Und vier geheimnisvolle Katzen wohnen bei ihm. Pechschwarze! Sein Kotten liegt dort hinter dem Wäldchen. Höchstens 'ne halbe Stunde ..."

„Lasst uns lieber wieder ins Haus gehen", unterbrach Kerstin. „Ich bibbere schon wie Espenlaub. Außerdem muss ich mal. Nun kommt schon!" Kerstin eilte voraus zum Pferdehof.

Dörthe nahm Lena beim Arm und fragte leise: „Mal ganz ehrlich, Lena! Macht's dir wirklich Spaß, in dieser einsamen Gegend zu leben? Oder möchtest du wieder in der Stadt wohnen?"

Lena brauchte wirklich nicht lange nachzudenken. „Ich möchte hier leben. Hier! Ich bin jetzt auf dem Pferdehof zu Hause. Und diese Gegend ist alles andere als einsam, Dörthe, das kannst du mir glauben."

„Aber hier ist doch nichts los! Keine Geschäfte, keine Kinos, keine Clique von heißen Kids, keine Partys ..." Dörthe kicherte. „Keine tollen Jungs und so."

„Partys!" Lena schnaubte verächtlich. „Es gibt doch nichts Öderes als Partys. Da pfeif ich drauf. Ich liebe diese Landschaft und den Pferdehof und unsere Tiere. Hier passiert so viel Aufregendes! Nein, in die Stadt möchte ich um keinen Preis zurück."

Das Gespräch war beendet. Schweigend gingen die drei Mädchen zum Pferdehof zurück. Sie zogen die nassen Mäntel und Schuhe aus, brühten sich Tee auf und hockten sich in der Wohnhalle in die Sessel und auf das Sofa. Sie knabberten Kekse, kraulten Ronja, redeten belangloses Zeug und wärmten dann für das Mittagessen die restlichen Bandnudeln vom Vorabend auf.

Hanna merkte, als sie zusammen beim Essen saßen, dass die Stimmung gedrückt war. Es hatte den Anschein, als warteten die Mädchen geradezu darauf, dass sie sich verabschieden konnten. Pitts gute Laune steckte niemanden mehr an. Ioannis kam aus Uhlendorf geradelt – zum zweiten Mal an diesem Tag, und es sollte nicht das letzte Mal sein. Er verputzte dann endgültig alle Essensreste, obwohl er gerade zu Hause zu Mittag gegessen hatte. Er und Pitt waren scharfe Konkurrenten im Vielessen.

Kurz vor vier Uhr brachten Hanna und Lena ihren Besuch nach Habichtsbeek zum Bahnhof, wie es mit Kerstins und Dörthes Eltern vereinbart worden war. Der Schienenbus kam pünktlich. Es war nur eine Fahrt von zwanzig Minuten bis zur Stadt.

„Also dann!“, rief Dörthe beim Einsteigen. „Hoffentlich sehen wir uns bald wieder! Dass es mal bloß nicht wieder ein halbes Jahr dauert!“

Kerstin winkte aus dem Fenster. „Es war schön auf dem Pferdehof! Vielen Dank für alles!“

„Kommt gut nach Hause!“, rief Hanna. „Und fröhliche Weihnachten euch und euren Familien!“
„Fröhliche Weihnachten!“, riefen Dörthe und Kerstin. „Fröhliche Weihnachten!“ Sie riefen es, bis der Schienenbus in den Tunnel einfuhr.
Lena hatte nichts gesagt. Und während sie noch winkte, wurde ihr klar, dass Kerstin und Dörthe und sie sich wohl niemals wieder sehen würden. Die alte Freundschaft war zu Ende.
Sie haben sich so verändert, dachte Lena, Kerstin und Dörthe haben sich so verändert. Doch dann schüttelte sie fast wütend den Kopf, sodass ihr langes schwarzes Haar sich wie ein Schleier vor ihr Gesicht hängte. Es ist ganz anders, sagte Lena sich. Die beiden haben sich nicht verändert. Ich habe mich verändert. Nur ich.
Als sie im Volvo zurück zum Pferdehof fuhren, weinte Lena.
Hanna suchte im Autoradio nach einem Sender, der keine Weihnachtslieder dudelte.
Lena sagte: „Du fragst mich ja gar nicht, warum ich heule.“
„Nein“, antwortete Hanna, „ich weiß es doch.“

Stürmische Weihnacht

Natürlich musste Lena ihren Kummer der alten Stute Raja mitteilen, obwohl ihr klar war, dass dieser Kummer gleichzeitig auch so etwas wie Erleichterung bedeutete. Enttäuschung. Hieß das denn nicht auch, dass man sich nicht länger von einer Einbildung täuschen ließ? Lena sah nun alles deutlicher. Dörthe und Kerstin waren auf der einen Seite, sie selber war auf der anderen. Das Ende einer Freundschaft: So etwas kam doch vor. Trotzdem war Lena traurig.

Raja blähte die Nüstern, als Lena ihr die Backen streichelte. Willig nahm sie es hin, dass Lena ihr die Zäumung anlegte, die Tewes für die alte Pferdedame angefertigt hatte. Nasenriemen und Kinnriemen waren mit Lammfell umwickelt. Eigentlich hätte Lena auch auf das gebisslose Zaumzeug verzichten können, denn Raja reagierte ohnehin auf jeden Zuruf und auf den leisesten Schenkeldruck. Genau genommen fand die Stute allein den Weg, den sie und ihre Reiterin gehen wollten. Lena legte die dicke weiche Filzdecke auf und zog sie fest. Einen Sattel brauchte sie nicht.

Es dunkelte schon stark, als die Reiterin und ihr Pferd in den Wiesenweg einbogen, der zum Murmelbach führte. Lena genoss die Bewegungen der Stute, ihre Nähe und

ihre Wärme. Der Reitlehrer hatte gesagt, Lena habe keinen exakten Sitz und hocke wie ein Apache auf dem Pferderücken. Für Lena war dieser Vergleich keine Beleidigung gewesen. Wie ein Indianer jede Bewegung des Pferdes in den eigenen Körper übergehen zu lassen und eins zu werden mit dem Tier, das war genau das, was sie unter Reiten verstand.
Sicher, sie konnte sich gut vorstellen, wie sie mit einem jungen Pferd ausgelassen über die Ebene galoppieren würde, doch sie hatte niemals den Wunsch, einem Pferd etwas zuzumuten, was es von Natur aus nicht tun würde. Hindernisrennen, Hürdenspringen und Dressurvorführungen fand sie schrecklich. Pferde zu Sklaven der Menschen gemacht: So sah Lena das. Gregor hatte einmal gesagt: „Wenn jemand gern über hohe Hürden springt, dann soll er es doch tun. Warum muss er dazu sein Pferd missbrauchen?“
Mit ihrer Freundin Annette hatte Lena zwangsläufig Streit, wenn sie über ihr Verhältnis zu Pferden sprachen. Annette war eine nur allzu ehrgeizige Reiterin, die keine Springprüfung in der Umgebung ausließ und die davon träumte, dass sie mit ihrem Odin schon bald das Deutsche Jugendreitabzeichen erringen könnte. Inzwischen hatten Annette und Lena aber beschlossen, dass die Freundschaft unter ihren unterschiedlichen Ansichten nicht leiden sollte.
„Über die Brücke, Raja!“, rief Lena und lenkte die Stute

zum anderen Bachufer hinüber. Sie wusste, dass manche Pferde vor dem schmalen Steg scheuten, doch Raja, die diesen Weg wohl schon seit vielen Jahren kannte, hatte damit überhaupt keine Schwierigkeiten. „Du bist ein braves Pferd!“, lobte Lena.

Der Regenwind fuhr von Südwesten her kalt über die Hügelkuppe. Lena zog die Kapuze tief ins Gesicht und legte den Kopf auf Rajas Hals. Sie holte mühelos das schöne Bild in ihre Vorstellung:

Ich bin jetzt eine Apachin. Mit meinem Pferd verlasse ich den schützenden Wald und gelange auf die offene Prärie, deren beißende Kälte mich fast blind macht. Die Schneekristalle funkeln wie Diamanten. Am Horizont zieht die Herde der Büffel. Vor der weißen Wintersonne zeichnet sich scharf der kreisende Adler ab ...

Schluss mit dem Tagtraum! Raja wendete auf Zügelhilfe. Die Stute wusste selbst, dass dies keine Tageszeit für Ausritte war, zumal hier in den baum- und buschlosen Wiesen der Wind wie mit Peitschen nach dem Pferd und der Reiterin schlug. Also zurück über den Bach zum Pferdehof!

Ioannis war wieder da – zum dritten Mal an diesem Tag. Im Licht des Tiefstrahlers an der Scheunenwand machte er sich zusammen mit Pitt an der Fichte zu schaffen, die neben dem Gartentor aufragte. Der Baum war ungefähr fünf Meter hoch. Die beiden Jungen balancierten auf einer Stehleiter und hatten offensichtlich etwas sehr An-

strengendes zu tun. Ronja, nur als schwarzes Bündel am Fuß der Leiter zu erkennen, passte winselnd auf, dass den beiden Jongleuren nichts geschah.
„Was macht ihr denn da?“, rief Lena im Näherkommen.
„Wir schmücken den Weihnachtsbaum“, antwortete Ioannis.
Pitt krähte: „Wenn wir schon im Haus keinen Weihnachtsbaum haben, dann soll wenigstens draußen einer stehen! Ich und Ioannis, wir wickeln eine lange Lichterkette um die Fichte. Siehst du das nicht?“
„Nein“, sagte Lena, „es ist schon zu dunkel. Wie funktioniert denn das?“
Ioannis war voll in seinem Element. „Wir ziehen hier Kabel quer durch den Baum, und ich installiere dann überall Anschlüsse mit bunten Glühbirnchen. Ist ’n Klacks für so einen erfahrenen Elektriker wie mich. Bisschen Weihnachtsbeleuchtung muss schon sein.“
„Habt ihr denn überhaupt Strom hier draußen?“, wollte Lena wissen.
„Ich zapfe irgendein Kabel in der Scheune an“, gab Ioannis zu verstehen.
„Genau“, bestätigte Pitt. „Wir zapfen irgendein Kabel in der Scheune an.“
Lena rief lachend, während sie Raja in Richtung Stalltür lenkte: „Passt bloß auf, ihr zwei Weihnachtsmänner, dass ihr keinen gewischt kriegt!“ Sie sprang ab und führte ihr Pferd in den Stall, wo die Futtertröge schon

gefüllt waren. War Tewes hier gewesen? Hatten die beiden Jungen oder Hanna sich um die Tiere gekümmert? Lena rieb Rajas nassen Rücken mit einem alten Frotteehandtuch ab. „Komm, Raja, mach dich ans Futter ran!“ Die Haflinger und das Pony mampften voll Inbrunst. Der Ziegenbock fetzte mit den Hörnern den Heuballen auseinander, der in der Futterraufe klemmte. „Was für ein hungriger Verein!“, dachte Lena, als sie Rajas Geschirr an den Wandhaken hängte – und genau in diesem Augenblick machte es entsetzlich laut Peng.

Schwärze. Absolute Schwärze. Kein Fünkchen Licht war mehr auf dem gesamten Pferdehof. Und draußen schrie Pitt wie am Spieß, während die Wuschelhündin erbarmungswürdige Klagegesänge anstimmte. Die Pferde schnaubten irritiert.

Lena tastete sich nach draußen. „Was ist passiert?“

Eine klägliche Stimme, die zweifellos zu Ioannis gehörte, gab Antwort. „Ich glaube, es hat einen Kurzschluss gegeben. Irgendwas ist passiert und ...“

„Vielleicht hab ich mir was gebrochen!“, wimmerte Pitt, der anscheinend vor Schreck von der Leiter gestürzt war. Doch als Ronja ihn mit wildem Geschmatze wieder ins Leben zurückrief, fing er furchtbar an zu lachen, weil er so kitzlig war.

Hannas Stimme drang voll Furcht vom Wohnhaus herüber: „Ist alles okay? Pitt, Ioannis! Sagt doch was!“

Lena gab die Antwort. „Die beiden Clowns haben einen

Kurzschluss veranstaltet! Weiter ist nichts geschehen. Überlebt haben sie's auch. Ioannis hat mal wieder den genialen Elektriker gespielt."
„Ihr Saftheinis, ihr!", schimpfte Hanna. „Jetzt ist der ganze Strom weg. Die Hauptsicherung knallt sofort wieder raus. Irgendetwas ist im Eimer. Ioannis, dein Vater muss kommen! Wie ist eure Telefonnummer?"
„Du kannst doch nicht telefonieren, Hanna, wenn der Strom weg ist!", rief Lena.
„Quatsch!", brüllte Ioannis, dem es schon wieder sehr viel besser ging. „Das Telefon ist an ein anderes Stromnetz angeschlossen! Weiß doch jeder!" Dann gab er ein wenig zerknirscht die Telefonnummer an: „Sieben-acht-drei-null."
Elektromeister Katsanakis war zum Glück erreichbar. Als er mit seinem Montagewagen auf den Pferdehof gerollt kam, näherte sich fast gleichzeitig Gregors Vectra. Das war ein Glück für Ioannis, denn so blieb es ihm erspart, dass sein Vater ihm erst einmal die Ohren lang zog. Vater Katsanakis wusste, wie gefährlich der leichtfertige Umgang mit der Elektrizität war, und er hatte seinem Sohn schon so oft die Alleingänge verboten.
„Ziemlich duster", stellte Gregor beim Aussteigen fest.
„Ich hoffe, ich kann es schnell reparieren", sagte Herr Katsanakis, dem das alles natürlich peinlich war. „Mein Sohn und sein verdammter Übereifer! Wie oft habe ich schon …"

„Wer nichts tut, der kann auch nichts falsch machen“, unterbrach Gregor. „Soll ich eine Laterne holen?“
Herr Katsanakis hatte einen Handscheinwerfer dabei. Er rief Ioannis zu sich, der auch gleich ängstlich geschlichen kam. Während Ioannis leuchtete, legte sein Vater das Relais in der Scheune still und kappte das verbrannte Kabel. Dann kümmerte er sich im Wohnhaus um den Sicherungskasten. Und dann gab es auch wieder Licht!
„Man sollte dir das Fell versohlen, Junge!“, schimpfte Herr Katsanakis und drohte seinem Sohn mit beiden Fäusten. Er war wirklich außer sich, denn diese Panne hätte auch schlimmer ausgehen können.
Gregor stimmte zu. „Und wenn du's dreimal gut gemeint hast, Ioannis, aber das war echt eine Scheißidee. Hoffentlich hast du daraus gelernt.“
Die beiden Männer beschlossen, auf den Schreck einen Schnaps zu trinken, und Hanna forderte empört auch einen Schnaps, denn immerhin waren ihr die drei letzten übersetzten Seiten im Computer durch den Stromausfall verloren gegangen.
„Was ist denn jetzt mit unserem schönen Lichterbaum draußen?“, fragte Pitt.
„Den kannst du dir abschminken“, sagte Gregor.
Pitt war stinksauer. „Weihnachten ohne Weihnachtsbaum ist überhaupt kein Weihnachten!“
Zu diesem Zeitpunkt konnte Pitt noch nicht wissen, dass er von der beleuchteten Fichte draußen ohnehin nichts

gehabt hätte. Der Sturm setzte am Morgen vom Heiligabend ein und wurde stärker und stärker. Die großen Ulmen stöhnten und ächzten, Hagel prasselte gegen die Fensterscheiben an der Westseite des Hauses, nasses Laub quirlte in Wirbeln auf dem Vorplatz, und die Zweige der Heckenrosen wurden hin und her gefetzt. Das Scheunentor flog auf, Gartengerät, Heuballen und Blumenkästen kullerten und schepperten über den Hof. Gregor stürzte nach draußen, um dem Sturm die Beute zu entreißen und das Tor sicher zu verrammeln.
Hanna war ziemlich früh am Morgen mit dem Volvo nach Uhlendorf gefahren, um letzte Einkäufe zu erledigen. Lena stand mit zusammengekniffenen Lippen wartend am Dielenfenster und machte sich Sorgen um die Mutter. Pitt, auf einmal seltsam kleinlaut, hatte sich mit Ronja in die Küche verzogen, wo man vom Sturm am wenigsten spürte.
„Komm endlich, Hanna!“, wünschte Lena. „Komm endlich!“
Und das Wünschen half. Scheinwerfer tasteten sich durch Regenböen und Hagelsturm heran. Lena erkannte, dass Gregor einen Flügel des Scheunentors geöffnet hatte, damit Hanna den Wagen in Sicherheit bringen konnte. Lena eilte zur Haustür. Minuten später hasteten die Eltern ins Wohnhaus: schwer bepackt, nass bis auf die Haut und völlig außer Atem.
„So hab ich mir Weihnachtswetter immer vorgestellt!“,

keuchte Hanna. „Herr des Himmels! Ich hab unterwegs jeden Augenblick damit gerechnet, mitsamt dem Auto auf den nächsten Acker geschleudert zu werden. An der Abzweigung nach Billerbeck sind sämtliche Verkehrsschilder umgeknickt und die Feldscheune von Bauer Biermann hat's regelrecht zerlegt. Puh, und was da so alles durch die Gegend fliegt! Hoffentlich wird's nicht noch schlimmer."

Es wurde schlimmer.

Am Nachmittag steigerte sich der Sturm zum Orkan. Aus dem Radio tönten immer neue Warnungen. Die Landstraßen waren wegen umgestürzter Bäume unpassierbar, die Autobahnen hatte man im Bereich Niederrhein und Westfalen längst gesperrt, Feuerwehren und Rettungsdienste waren pausenlos im Einsatz, Bäche quollen über und wurden zu reißenden Flüssen, die Leute in den Städten wurden aufgefordert, die Häuser nicht zu verlassen, weil Dachziegel, Zaunbretter und Reklamewände durch die Luft wirbelten.

Es war ein schreckliches Unwetter.

Lena sah durch das Küchenfenster, wie die Fichte neben der Scheune sich mehr und mehr zu Boden neigte und dann mit dem gesamten Wurzelwerk aus dem Boden gerissen wurde.

Pitts Weihnachtsbaum!

Die Belkers hockten um den Küchentisch und lauschten bedrückt dem Toben des Sturms. Gregor paffte seine

Pfeife, Hanna wärmte sich die Hände an der Teekanne, Pitt streichelte unentwegt die zitternde Ronja, Lena saß ganz starr und ballte die Hände vor dem Gesicht.
Dabei hatten sie sich das Weihnachtsfest doch so schön vorgestellt! Herrliches Essen wollten sie miteinander kochen, lange Spaziergänge wollten sie unternehmen, vor dem Kamin wollten sie sitzen und Musik hören, ein Pokerturnier veranstalten und ihre kleinen Geschenke überreichen. Hanna und Pitt hatten sogar ein Klavierstück für vier Hände eingeübt.
Aber nun dieser Sturm, der allen durch Mark und Bein ging!
Plötzlich brüllte der Wind in jäher Heftigkeit auf und schlug wie mit der Faust zu. Das ganze Haus schien zu vibrieren. Dann rauschte es auf dem Dach, als ginge eine Lawine talwärts.
„Scheiße!“, sagte Gregor. „Das waren die ersten Dachziegel. Gleich fliegt das ganze Haus weg.“
„Die Welt geht unter“, flüsterte Pitt voll Angst.
„Die Tiere!“, schrie Lena. „Wir müssen nach den Tieren schauen!“
Gregor sprang auf und warf die Pfeife in den Aschenbecher. „Ich mach das! Ihr bleibt im Haus!“
„Ich komme mit!“, sagte Lena entschlossen. „Ich komme auf jeden Fall mit!“ Sie rannte in die Diele und riss den Regenmantel vom Haken.
Gregor war ihr gefolgt; er zog sich den Anorak über und

griff nach der ledernen Schirmmütze. „Aber bleib dicht hinter mir, Lena! Das ist gefährlich!“
Sie schlüpften aus der Seitentür, als der Wind für einen Augenblick den Atem anhielt, und hasteten zum Stallanbau hinter dem Wohnhaus. Gregor hatte den Arm um Lenas Schultern gelegt.
Aber da! Was hatte das zu bedeuten? Da brannte doch Licht im Pferdestall! Lena schützte ihr Gesicht mit den Händen. Sie spürte, dass Gregor sie mit sich riss. Dann sprang die Stalltür auf.
Tewes!
„Großer Gott, Herr Tewes!“ Gregor starrte verblüfft den alten Mann an. „Sie sind bei dem Wetter ...“
„Ja“, antwortete Tewes, „ich bin bei dem Wetter gekommen. Pferde sind sehr schreckhaft. Da ist es gut, wenn einer da ist, der sie beruhigt.“
Lena fühlte sich beschämt und erleichtert zugleich. Tewes hatte trotz Sturm und Regen den weiten Weg auf sich genommen. Wenn einer auf die verstörten Tiere einwirken konnte, dann war er es.
„Wenn sie aufgeregt sind“, sagte Tewes, „dann muss man sie festmachen. Sie keilen aus und können sich gegenseitig verletzen.“
Die beiden verschreckten Haflinger, die sich sonst frei im Stall bewegten, waren in ihren Ständern angebunden. Mux drängte sich fest an Motte. Das Pony Sturmwind, das fast wie ein kleines Kind wimmerte, war jetzt in

einer Box. Der Ziegenbock lag wiederkäuend im Stroh und wiegte unruhig den Kopf hin und her.
Raja stand ganz ruhig in der hintersten Ecke des Stalles, sie schien zu schlafen. Vielleicht hatte sie in ihrem langen Pferdeleben schon so manches Unwetter erlebt. Lena drückte das Gesicht gegen den Hals der Stute und flüsterte leise, zärtliche Worte. Und auf einmal war es so, als beruhigte das Pferd das Mädchen.
Gregor konnte es noch immer nicht fassen. „Mensch, Herr Tewes! Also, dass Sie extra hergekommen sind bei dem Orkan!“
Tewes streichelte die Flanken der Haflinger. „Die Gegenwart vertrauter Menschen ist bei so einem Wetter wichtig für die Tiere.“ Es hörte sich beinahe ein wenig vorwurfsvoll an, als er hinzufügte: „Wenn man Verantwortung hat, muss man sie auch wahrnehmen.“
Lena und die beiden Männer blieben lange im Pferdestall. Dann und wann redeten sie beruhigend auf die Tiere ein. Mux holte sich bei Lena seine Streicheleinheiten. Raja stand wie ein Denkmal mit gesenktem Kopf.
„Der Wind lässt nach“, sagte Tewes plötzlich unvermittelt, „er hat gedreht. Ich spüre es in den Knochen.“ Er schaute auf seine Armbanduhr. „Mitternacht ist vorbei. Fröhliche Weihnachten!“
Lena war aus einer Art Halbschlaf gerissen worden. „Fröhliche Weihnachten!“, rief sie und erhob sich aus der Hocke.

„Fröhliche Weihnachten!“, knurrte Gregor.
Später stapften sie gemeinsam ins Haus. Der Sturm spielte seine letzten Kräfte aus. Das ganze Land dröhnte wie in einem Widerhall. „Fröhliche Weihnachten!“, riefen Gregor, Tewes und Lena.
Hanna und Pitt staunten nicht schlecht, als da auf einmal der alte Tewes in der Wohnhalle stand. Ja, man wünschte sich lachend ein frohes Fest, und alle waren erleichtert, dass das Unwetter vorüber war und dass die Tiere keinen Schaden erlitten hatten.
„Uff!“ Gregor ließ sich in einen Sessel sinken. „So etwas hab ich noch nie erlebt. Hoffentlich sind nicht zu viele Ziegel vom Dach gefallen. Ob man den Dachdecker auch zu Weihnachten anrufen kann?“
Hanna winkte ab. „Ich fürchte, so bald sind wir noch nicht an der Reihe. Da wird's in Uhlendorf viele Häuser noch schlimmer erwischt haben. Anrufen müssen wir aber trotzdem, damit sie uns auf die Liste setzen.“
Und dann gab es sogar noch eine kleine nächtliche Weihnachtsfeier. Lena sorgte für die Musik und wählte die CD mit den Flötenkonzerten von Mozart aus. Pitt hatte für die Eltern mit richtiger Anstreicherfarbe ein Bild auf eine Pressspanplatte gemalt, und wenn man genau hinsah, erkannte man Ronja. Dafür bekam er von Hanna und Gregor drei Bücher der amerikanischen Schriftstellerin Mary O'Hara: *Flicka, Sturmwind – Flickas Sohn* und *Grünes Gras der Weide*. Auf diese Weise erfuhr Pitt,

dass es noch ein anderes berühmtes Pferd mit Namen Sturmwind gab – jedenfalls in der Literatur.
Lena überreichte dem Vater feierlich eine Tabakdose, die hatte sie aus Ton geformt und im Brennofen in der Schule gebrannt. Für Hanna hatte Lena einen Gürtel aus farbigen Lederriemen geflochten. Als die Eltern ihr dann ein wunderbares neues Stirnband schenkten, in das sogar richtige Halbedelsteine gewirkt waren, führte Lena einen Indianertanz auf. Die Wuschelhündin bellte dazu.
Tewes nahm verschämt das Kautabakpaket und den Burgunder-Rotwein von Gregor und Hanna entgegen. Lena bekam auf einmal rote Ohren. Ihr fiel siedend heiß ein, dass sie kein Geschenk für den alten Stallmeister hatte. Oder hatte sie vielleicht doch eins? Sie eilte in ihren Wigwam hinauf und kramte aus der Geheimniskiste das Foto hervor, das sie von Raja gemacht hatte. Es zeigte den Kopf der Stute, und ganz gewiss würde Tewes das Lächeln in den Augen erkennen.
Tewes freute sich sehr über Lenas Geschenk.
Und als der Morgen graute, merkten sie, dass es zu schneien begonnen hatte. Weiße Weihnachten auf dem Pferdehof! Nur Pitt sah die Flocken nicht. Er war mit Ronja im Arm auf dem Sofa eingeschlafen.

Annettes Idee

Zwei Reiter näherten sich rasch von Norden her über die schneebedeckten Felder. Ihre Silhouetten standen schwarz vor dem blassblauen Himmel. Die Schneekristalle funkelten wie Edelsteine im hellen Licht der Wintersonne. Lena wischte sich die Kältetränen aus den Augen und schaute den Reitern entgegen. Es war ein wunderschönes Bild.

Dann kam Ronja um die Hausecke gefetzt. Sie hatte herrlich im Schnee gewühlt und tobte ausgelassen wie ein Welpe. Auf Pitts Rufe hörte sie nicht mehr, denn sie hatte die Reiter entdeckt. Unter fröhlichem Gebell raste sie ihnen entgegen. Dass der eine Reiter eine Reiterin war, die auf dem Fuchswallach Odin saß, hatte Ronja wohl längst gemerkt.

„Hallo, Lena!“, rief Annette schon von Weitem. „Frohe Weihnachten!“

„Frohe Weihnachten!“ Lena winkte mit beiden Armen. Den Pferden wölkte dampfender Atem aus den Nüstern. Sie gingen in raumgreifendem Schritt. Die aufgeregte Hündin schien sie nicht zu stören. Lena sah, dass das andere Pferd die großrahmige dunkelbraune Oldenburger Stute Tessa war, die meist von Annettes Vater geritten wurde. Den jungen Mann, der jetzt in ihrem Sattel saß, hatte Lena vorher noch nicht gesehen, doch er hatte beinahe so helles Haar wie Annette, und das Gesicht war ähnlich schmal geschnitten; also konnte er nur Lutz, der Lieblingsbruder, sein.

Trotz der Schneedecke knirschten die Stollen an den Hufen der Pferde auf dem Kies des Vorplatzes. Hanna und Gregor waren aus dem Haus getreten. Pitt kam atemlos und immer noch nach Ronja rufend von der Scheune her gerannt.

„Das ist mein großer Bruder!“, sagte Annette. „Und frohe Weihnachten auch!“

„Frohe Weihnachten!“, riefen Hanna, Gregor und Lutz durcheinander. Pitt balgte bereits wieder mit Ronja herum.

„Ich bin Lutz Schulze-Gehling“, stellte Lutz sich vor und nahm die Reitkappe ab. „Wird höchste Zeit, dass ich die neuen Nachbarn kennen lerne. Annette hat schon viel von Ihnen erzählt.“

„Na, so neu sind wir ja nun auch nicht mehr“, entgegnete Gregor. „Wir wohnen schon länger als ein halbes Jahr auf dem Pferdehof.“

„Sie haben Recht“, gab Lutz lachend zu. „Aber in den letzten Semesterferien war ich zu einem Praktikum in der Eifel und konnte nicht nach Hause kommen. Also, für mich sind Sie neu. Ich studiere übrigens Forstwirtschaft in Göttingen.“

„Hat Annette schon erzählt“, sagte Lena. Sie hatte Lutz

die ganze Zeit aus dem Augenwinkel beobachtet und mit leichtem Herzklopfen festgestellt, dass ihr Annettes Bruder gefiel.

„Darf ich ins Haus bitten?", fragte Hanna.

Annette und Lutz stiegen ab. Sofort kam Pitt gelaufen. Er erklärte, selbstverständlich werde er die Pferde in die Scheune führen und dort festmachen, weil er nun einmal der Spezialist für derartige Aufgaben sei. Und wie man die Sattelgurte lockere, das wisse er auch. Also vertrauten Lutz und Annette dem Spezialisten ihre Tiere an. Ronja fand es wohl gar nicht lustig, dass Pitt sein Spiel mit ihr unterbrach, denn sie kläffte protestierend.

„Du bringst aber schönes Wetter mit", sagte Hanna zu Annette.

Annette knöpfte den gefütterten Anorak auf. „Nach so einer Nacht haben wir das ja wohl auch verdient! Ich hab richtig Schiss gehabt, als unser Haus zu wackeln begann. Ein riesiges Stück von unserer Hofmauer ist umgekippt, und das Plastikdach von unserem Schweinestall ist fast bis nach Habichtsbeek geflogen. Von den Pappeln oben an der Straße, also, da ist mindestens die Hälfte aus der Erde gerissen worden. Schlimm war das!"

„Ist bei Ihnen viel passiert?", fragte Lutz.

„Geht so", antwortete Gregor. „Rund fünf Quadratmeter Ziegel sind vom Dach gefallen, und einige Bäume hat's erwischt. Aber Menschen und Tiere sind zum Glück heil geblieben."

Lena und Annette machten sich ans Kaffeekochen. Pitt schleppte Kuchen heran. Und da war auch Ronja wieder versöhnt. Sie seiberte fröhlich.

„Oje, wir kommen gerade vom Mittagessen!“, wehrte Lutz ab.

„Aber Kuchen kann man auch auf Sattsein essen“, erklärte Pitt. „Außerdem hab ich kräftig mitgeholfen beim Backen.“

„Dann ist die Sache natürlich klar“, sagte Lutz. „Unter diesen Umständen esse ich ein Stück. Marmorkuchen ist sowieso mein Lieblingskuchen.“

Pitt lächelte selig. Er langte selbst zu wie einer, der kurz vor dem Verhungern steht. Ganz offensichtlich mochte er Annettes Bruder auch gut leiden.

Lutz erzählte den Belkers von seinem Studium und von den Problemen der modernen Forstwirtschaft, die mit den Idyllen der schnulzigen Försterfilme absolut nichts zu tun habe, und er hörte aufmerksam zu, als Gregor von seiner Arbeit als Jugendrichter und der Chancenlosigkeit vieler junger Leute berichtete. Ihn interessierte Hannas Tätigkeit als Übersetzerin sehr, weil er mit dem Gedanken spielte, für ein Jahr als Austauschstudent nach Schweden zu gehen. Lena war außergewöhnlich schweigsam und gab sich Mühe, Annettes Bruder nicht immer anzustarren. Pitt war vor allem mit Kuchenmampfen beschäftigt.

Plötzlich legte Lutz Lena die Hand auf die Schulter. „Du,

Lena, die Annette hat nicht übertrieben. Du siehst wirklich ein bisschen wie eine Indianerin aus. So langes dunkles Haar ... Und was für ein tolles Stirnband du trägst!"
„D-d-das hab ich zu Weihnachten bekommen", stotterte Lena und spürte die Schmetterlinge in ihrem Magen. Sie dachte: Wenn der Lutz mir das bloß nicht ansieht, dass ich so verlegen bin! Doch gleichzeitig wurde ihr warm vor Freude.

„Meine Schwester Gabriela und ihr Freund sind schon wieder nach Schwaben gefahren, aber Lutz bleibt noch zwei Wochen zu Hause", sagte Annette strahlend. „Und wir wollen zusammen Freunde im Teutoburger Wald besuchen. Wenn du Lust hast, Lena, also, wenn du mit uns fahren willst ..."

Lena wollte etwas sagen, doch da steckte ein dicker Kloß in ihrem Hals, und so konnte sie nur verwirrt von Lutz zu Hanna und von Hanna zu Gregor schauen.

Lutz sagte: „Ja, wenn du Lust hast und wenn deine Eltern es erlauben, dann kannst du gern mit uns fahren. Es ist ein Hof von Öko-Bauern, die kenne ich gut, und da treffen sich jedes Jahr ein paar junge Leute zu einem Fest."

Nur mühsam konnte Lena die Wörter formulieren. „Ja? Darf ich?"

„Von mir aus", sagte Gregor und stopfte sich eine Pfeife. „Wo Herr Schulze-Gehling dabei ist und auf das junge Gemüse aufpasst. Was meinst du, Hanna?"

„Bitte“, wandte Lutz ein, „sagen Sie Lutz zu mir! Herr Schulze-Gehling: Das klingt furchtbar feierlich.“
Hanna legte den Kopf schief, als müsste sie angestrengt nachdenken. „Also, wo Lutz auf das junge Gemüse aufpasst, da hab ich eigentlich auch nichts dagegen.“ Und um Lena ein bisschen zu necken, fragte sie scheinbar besorgt: „Hast du auch wirklich Lust dazu?“
Lena hörte jemanden ganz laut „Ja!“ rufen, dann begriff sie, dass sie das selbst war. Und ob sie Lust hatte!
„Und was ist mit mir?“, nörgelte Pitt.
„Du kannst doch Ronja nicht allein lassen“, gab Hanna zu bedenken. „Außerdem brauchen wir ja einen Spezialisten auf dem Pferdehof.“
Das sah Pitt ein, er nahm sich ein weiteres Stück Marmorkuchen.
„Klasse, Lena!“, rief Annette. „Das wird bestimmt ganz toll!“
Lutz stand vom Tisch auf. „Ich hab gehört, dass die gute alte Raja bei Ihnen im Stall steht. Ob ich sie wohl mal sehen kann? Als ich ein kleiner Junge war, hat der Tewes mich manchmal auf ihr reiten lassen.“
„Ja, gehen wir in den Stall!“, rief Hanna. „Wir wollten die Tiere ohnehin ein bisschen in den Schnee lassen. Tewes meint, dieses Wetter sei für ihre Lungen und den Kreislauf gut.“
Im Gänsemarsch zogen alle zum Pferdestall. Lena, Pitt und Annette ließen die Tiere ins Freie. Xerxes machte

sich nicht viel aus Schnee, er meckerte ungehalten und veranstaltete Boxkämpfe mit den verschneiten Grasbüscheln auf der Koppel. Mux prüfte misstrauisch den weißen Teppich, der da auf einmal die Wiese bedeckte, er hatte noch nie in seinem kurzen Pferdeleben so etwas gesehen. Doch dann hob er fröhlich den Kopf und galoppierte mit seinen langen Beinen eine Ehrenrunde. Das Pony Sturmwind hoppelte hinterher.

„Jetzt zeige ich meine Reiterkunststücke!“, rief Pitt und forderte Lutz auf, nur ja aufmerksam zuzuschauen. Er schwang sich auf Sturmwinds Rücken, und während das kurzbeinige Pony brav am Gatter entlanglief, träumte Pitt seinen Reitertraum vom atemberaubenden Ritt über eine endlose Ebene.

„Bravo!“ Lutz klatschte Beifall. „Bravo, du schneidiger Reitersmann!“

Raja trat langsam aus dem Stall ins helle Licht hinaus. Lena hatte sich an sie geschmiegt und tätschelte ihr die Kruppe. Die sanfte Stute sog genüsslich die klare Luft ein, dann versuchte sie auf der Hausweide sogar einen leichten Trab.

„Kennst du mich nicht mehr?“, rief Lutz ihr nach. Er gab sich selbst die Antwort: „Nein, altes Mädchen, du kannst mich nicht mehr kennen. Das ist doch alles so lange her.“ Lächelnd schaute er ihr zu, wie sie mit spitzen Lippen nach den verschneiten Halmen schnappte. „Ich hab die Raja immer geliebt“, sagte Lutz leise.

Lena dachte: Dafür würde ich dich am liebsten küssen! Sie erschrak bei dem Gedanken. „Raja ist das schönste Pferd der Welt“, murmelte sie verlegen.
Motte und Benno wieherten geradezu lustvoll und vollführten ausgelassene Pferdetänze, bevor sie sich prustend im Schnee wälzten.
„Ein schönes Gespann!“ Lutz staunte. Er zeigte auf Mottes Fohlen. „Der Bursche dort stammt doch garantiert von Pirmin ab, hab ich Recht?“
„Kann man das erkennen?“, fragte Hanna verblüfft.
„Aber sicher! Pirmin ist unter den Haflingern weit und breit der beste Vererber. Der Kleine wird mal ein prächtiges Pferd!“ Lutz klopfte sich selber auf die Schulter. „Ein alter Fachmann erkennt das sofort. Die beiden Großen scheinen mir ein bisschen mollig zu sein. Vielleicht brauchen die etwas mehr Bewegung.“
„Hat Tewes auch gesagt“, verkündete Pitt.
Und genau in diesem Augenblick hatte Annette eine fabelhafte Idee. „He, Leute! Wie wär’s denn, wenn wir unsere Fahrt in den Teutoburger Wald mit dem Planwagen und dem Haflingergespann unternähmen?“
Lena blieb schier die Spucke weg. „Das wär ein Ding!“
Lutz überlegte einen Augenblick. „Sind die Pferde denn an den Wagen gewöhnt? Ich meine, haben die schon Erfahrung mit dem Straßenverkehr und so?“
„Klar!“, rief Lena. „Hubert Mühlenkamp aus Uhlendorf hat doch mit Benno und Motte schon Touristen

durch das Münsterland kutschiert! Der Planwagen steht in der Scheune, der ist völlig in Ordnung!“

„Na ja“, sagte Lutz und zweifelte noch immer ein wenig, „zu überlegen wär es schon, und Spaß würde es sicher auch machen.“ Er schaute Hanna und Gregor an. „Was meinen Sie dazu?“

Gregor lachte. „Ich meine gar nichts dazu, weil ich davon keine Ahnung habe.“

Annette schaltete sich ein. „Der Lutz ist ein erstklassiger Gespannfahrer mit viel Erfahrung!“

Hanna, die ja selbst oft die beiden Haflinger vor den Wagen spannte, wenn sie Besorgungen zu machen hatte oder wenn sie Pitt zur Grundschule kutschierte, wusste genau, dass Motte und Benno ausgesprochen ruhig vor dem Wagen gingen. Sie hatte keine Einwände.

„Also abgemacht“, erklärte Lutz. „Ich tausche ganz gern mal die Zügel gegen die Leinen. Wir reisen also mit dem Planwagen.“

„Leinen?“ Lena verstand das nicht.

„Die Zügel für die Wagenpferde nennt man Leinen“, erklärte Lutz.

„Weiß doch jeder“, behauptete Pitt.

Lena rannte selig über die Wiese und erzählte ihrer Freundin Raja von der geplanten Reise mit dem Pferdewagen. „Wir werden uns dann ein paar Tage nicht sehen, wir zwei“, flüsterte sie der Stute zu, „aber ich komme ja bald wieder.“

Am späten Nachmittag, als die Sonne schon tief stand, ritten Lutz und Annette zum Hof von Schulze-Gehling zurück. Lena schaute den Reitern und ihren Pferden nach, die lange Schatten auf das verschneite Feld warfen. Sie dachte: So ein schönes Weihnachtsfest!

Die Winterreise

Ein wenig aufgeregt waren sie alle, und sogar Tewes ließ sich anstecken. Er und Lutz überprüften in der kleinen Schmiede hinter dem Pferdestall die Hufe und die Hufeisen der Haflinger, wobei der Spezialist Pitt aufpasste, dass sie auch alles richtig machten. Als Tewes mit dem Hufkratzer Erdbrocken, Steinchen und Mist entfernt hatte, stellte er zufrieden fest, dass sowohl Hufe als auch Hufeisen in einwandfreiem Zustand waren. Unter seiner Aufsicht durfte Pitt anschließend Mottes und Bennos Hufe einfetten.

Lutz reinigte in der Scheune die Kumtgeschirre, die Leinen und die Deichselhalteriemen und rieb alles Lederzeug mit einem Pflegemittel ein. Natürlich war auch Ioannis zur Stelle und sprühte – wie üblich – vor Tatkraft. Zusammen mit Annette und Lena schrubbte er den gesamten Aufbau des Planwagens, schmierte die Achsen und säuberte die Reflektoren. Zur kleinen Probefahrt nach Uhlendorf, wo Lutz an der Tankstelle den Luftdruck der Reifen kontrollieren wollte, kletterten alle vier Kinder auf die Ladefläche und schrien und sangen. Den Haflingern schien es zu gefallen, dass sie diese fröhliche Fuhre durch die weiße Landschaft ziehen durften. Sie fielen von selbst in leichten Trab.

„Astrein, das Gespann!“, lobte Lutz. „Und wie leicht die beiden sich lenken lassen!“

Auf dem Rückweg schafften Pitt und Ioannis es dann mit allerlei Tricks, Lutz zu einem kurzen Halt vor Brunos Pizzeria zu überreden, wo Lutz dann alle zu einer Runde Pommes rot-weiß einlud.

Tewes hatte inzwischen auf dem Pferdehof die Futtersäcke für die Reise gefüllt. „Dass die Pferde unterwegs nur nicht zu viel kaltes Wasser saufen!“, mahnte er Lutz.

„Ich passe auf“, sagte Lutz. „Wir rasten auf Bauernhöfen. Entlang der ganzen Strecke gibt's Verwandte und Bekannte von uns. Manchmal glaube ich, dass jeder zweite Bewohner des Münsterlandes irgendwie mit uns Schulze-Gehlings verschwistert oder verschwägert ist.“

Zusammen mit Gregor hatte Lutz mit Hilfe der Messtischblätter eine Reiseroute ausgeklügelt, die durch besonders schöne Landschaften führte und auf der man größere Straßen und die Durchfahrt durch Dörfer und Städtchen vermeiden konnte. Am Nachmittag des zweiten Reisetages wollte Lutz den Öko-Hof bei Sentrup im nördlichen Teutoburger Wald erreichen.

„Schade, dass ich nicht mitfahren kann!“, maulte Ioannis traurig.

Hanna tröstete ihn. „Wir können während Lenas Abwesenheit gut und gerne einen zweiten Spezialisten hier brauchen. Ich dachte mir, dass du vielleicht zusammen mit Pitt den Laden schmeißen könntest. Also, wenn du willst und wenn deine Eltern keine Einwände haben, kannst du selbstverständlich auf dem Pferdehof wohnen."

„Du darfst sogar in meinem Wigwam schlafen", sagte Lena.

„Abgemacht!" Ioannis grinste zufrieden.

„Wie findet der Mux das denn wohl, dass seine Mutter ihn für ein paar Tage allein lässt?", wollte Lena von Tewes wissen.

Tewes schob mit der Zunge den Kautabak von der linken Backe in die rechte. „Ist ganz gut für den Halbstarken, dass er mal 'ne Weile nicht an Mutters Schürze hängt. Der ist inzwischen groß genug, um allein zurechtzukommen. Allmählich müssen wir uns sowieso Gedanken über die Zukunft des jungen Hengstes machen."

Was wollte Tewes damit sagen? Lena erschrak, sie gab sich alle Mühe, den Gedanken zu verscheuchen. Sie wusste, was das Wort Kastration bedeutete. Musste so etwas denn auch mit Mux geschehen? „Komm, Annette, wir kochen Tee!", rief sie.

Als sie allein in der Küche waren, sagte Annette, die bemerkt hatte, dass Lena ziemlich blass geworden war: „Nun mach dir mal bloß nicht in die Hose! Das mit dem Mux, das hat noch 'ne Menge Zeit. Wenn sie ihn kastrieren, muss er ein Jahr alt sein. Mindestens! Und es kann ja auch sein, dass man ihn zur Zucht auswählt, wo er doch ein Sohn vom berühmten Pirmin ist."

Lena lächelte der Freundin dankbar zu, dann legte sie allerlei Plätzchen und Kekse auf einem großen Tablett zu einem Muster zurecht, während Annette den Tee aufgoss.

Pitt und Ioannis lärmten wie zwei Fastverhungerte, als die Mädchen wieder in die Wohnhalle kamen, und Ronja meldete lauthals auch ihre Ansprüche an. Tewes nahm nur eine Tasse Tee mit einem Schuss Cognac und brach dann auf, um zu seinen vier Katzen zu gehen. Lutz und Annette hatten es auch eilig, weil sich zu Hause Besuch angesagt hatte. Ioannis schwang sich auf Hannas Drängen hin auf sein Mountainbike, denn es dunkelte schon.

Gregor zündete sich eine Pfeife an, kraulte sich behaglich den Bart und streckte sich im Sessel vor dem Kaminfeuer aus. „Die Belkers machen noch ein bisschen in Familie, ja?“

Hanna spielte eine Weile auf dem Klavier, Pitt las beinahe gierig die Geschichte von *Flicka*, Lena lag neben Ronja auf dem Sofa und war in ihren Gedanken schon auf der Reise. Gemeinsam versorgten sie später die Tiere. An diesem zweiten Weihnachtsabend gingen sie früh zu Bett.

Klar, dass Lena noch lange wach lag!

Das Rauschen der Dusche und Gregors mürrisches Gebrummel weckten sie am anderen Morgen auf. Für den Vater hatte ein harter Arbeitstag begonnen, für Lena der

schöne Tag der Abreise. Sie hüpfte aus dem Bett und eilte zum Fenster. Der Schnee war nicht geschmolzen!
„Herrlich!“, flüsterte Lena und klapperte dabei mit den Zähnen, weil es kalt war in ihrem Wigwam, und so wurde der anschließende Jubelschrei eine Mischung aus Apachenkriegsgeheul, Hundejaulen und Hustenanfall. Mit diesem Lärm machte Lena auch Pitt und Ronja wach.
Alles ging rasch an diesem Morgen. Gregor trank im Stehen seinen Kaffee, Hanna im Joggingdress betätigte mit der einen Hand den Toaster und mit der anderen die Knöpfe des Radios, um auf irgendeinem Sender den Wetterbericht zu erwischen. Pitt schaute neugierig zu, wie Lena ihren Proviantbeutel füllte.
Ein Auto näherte sich mit lautem Gehupe. Frau Schulze-Gehling chauffierte Lutz und Annette zum Pferdehof. Ronja schaute durch den Haustürspalt und bellte ihren Willkommensgruß.
„Brrr!“ Frau Schulze-Gehling rieb sich bibbernd die Hände. „Was für eine Kälte! Aber das wird ein schöner Tag. Kalt und klar. So muss es sein im Winter.“
Lena und Annette begrüßten sich wie Volleyballspielerinnen mit Händetatschen und liefen hinter Lutz her, um beim Pferdeanschirren zu helfen. Pitt, der noch im Schlafanzug war, kreischte, man solle gefälligst auf ihn warten, doch niemand hörte ihm zu.
Hanna und Frau Schulze-Gehling verstauten das Reise-

gepäck von Lutz, Annette und Lena auf dem Planwagen; sie legten die Schlafsackbündel dazu und schoben das Kistchen mit der Verpflegung und der großen Thermoskanne unter den Kutschbock. Motte und Benno ließen sich willig vor den Wagen spannen. Die Wuschelhündin sorgte für Getöse. Und als Pitt endlich aus dem Haus gestürmt kam, rollte der Pferdewagen schon über den Kiesweg davon.

Lutz knallte zum Abschied mit der Peitsche. Lena und Annette winkten. Gregors Ratschläge gingen im allgemeinen Lärm unter.

Lena sagte so leise, dass nur sie es hören konnte: „Jetzt sind wir auf der Reise."

Lutz hockte links auf dem Kutschbock, Annette saß in der Mitte, Lena hatte den Außenplatz. „Wir wechseln uns immer ab", hatte Annette vorgeschlagen, „der Platz in der Mitte ist natürlich der wärmste." Für Lena war das nur der eine Grund, dass sie damit einverstanden war, der andere hatte mit Lutz zu tun. Neben ihm wollte sie auch gern sitzen. Der Kutscher würde selbstverständlich immer links auf dem Bock seinen Platz haben.

Zunächst rollten sie durch vertraute Gegenden. Der Atem schien ihnen vor dem Mund zu gefrieren. Sie hatten sich dick vermummt, die Füße steckten im wärmenden Fußsack. Motte, die links ging, und Benno, der unentwegt die Ohren spielen ließ, legten sich gehörig ins Zeug. Der Streudienst war schon früh unterwegs gewe-

sen. Selbst auf den kleinen Straßen war die glatte Fläche mit den dunklen Punkten des Granulats gespickt.
Sie machten sich gegenseitig darauf aufmerksam, wenn sie etwas Ungewöhnliches entdeckten auf den verschneiten Flächen oder bei den Gehölzen: Da trippelten Krähen in großer Schar schreiend auf einem Tierkadaver herum, da hatte der Orkan ein Fichtenwäldchen umgeknickt, da bauten lärmende Kinder vor einem Hof in der Ferne einen gewaltigen Schneemann, da stieg hinter einem Hügel eine Rauchfahne senkrecht hoch und schien kein Ende zu haben, da watschelten bunte Enten über die dünne Eisdecke eines Hausteiches und brachen immer wieder ein … Es gab so viel zu sehen!
Dreimal, viermal hupten Autofahrer hinter ihnen. Lutz lenkte dann das Gespann auf den Grasstreifen, damit die Wagen überholen konnten. Als ihnen ein Laster mit Baumstämmen entgegenkam, mussten sie fast bis in den Straßengraben hinein ausweichen. Benno und Motte reagierten auf jeden Zug der Leinen, sie waren an Autos gewöhnt und scheuten nicht. Dann sahen Lena, Lutz und Annette fast eine Stunde lang kein anderes Fahrzeug mehr. Sie fuhren auf einem Feldweg entlang des bewaldeten Höhenzuges, der sich von Westen nach Osten erstreckte, und hatten die Sonne schräg vor sich. Sie wärmte den Reisenden sogar ein wenig die Gesichter.
Die Hufe der Haflinger klopften gedämpft, hier war der Schnee nur von Wildspuren durchzogen. Bisweilen führte

der Weg ein Stück in den Wald hinein, und Lena genoss den Anblick der bepuderten Bäume und die Stille. Auf diesem ebenen Weg durfte sie selbst die Leinen halten. Sie stellte sich vor, dass die Fahrt bis zum Ende der Welt gehen würde.
Annette verteilte Kaugummis. Sie zeigte mit der Handschuhhand nach oben, wo eine dunkelgraue Wolke wie ein einsamer Ballon tief und ganz dicht über den Baumwipfeln vor der strahlenden Bläue schwamm.
Und dann fiel plötzlich Schnee aus der Wolke!
Lutz streckte die Zunge raus, um Schneeflocken aufzufangen.
Annette summte: „Leise rieselt der Schnee …“
Lena dachte: Eigentlich ist das Quatsch. Der Schnee rieselt gar nicht leise, er fällt unhörbar. Lautlos! Das Wort lautlos gefiel ihr sehr. Sie schloss die Augen und spürte die zarten Berührungen auf den Wimpern.
Dann war der Zauber zu Ende. Als sie abbogen von der Hügelkette und in einen breiteren Fahrweg bogen, lenkte Lutz wieder das Gespann. Hier war rosafarbenes Salz verstreut worden, das hatte den Schneebelag zu schlieriger Matsche aufgelöst. Lutz ließ die Pferde langsam gehen, damit es nicht so sehr spritzte. Auf einem großen Feld an der rechten Wegseite brummte ein Trecker, und aus der Gülletonne auf dem Anhänger sprühte es in hohem Bogen braun und stinkend. Die Mädchen pressten die Handschuhe vor die Gesichter. Lutz fluchte.

„Pfui Deibel!“, stöhnte Annette.
„Das ist der Preis, den wir Schweinefleischfresser zahlen müssen“, knurrte Lutz. „Dass die Bauern und Schweinemäster den Boden und das Wasser verseuchen, daran sind auch wir Konsumenten schuld. Wir schlingen gierig diese Fleischmassen in uns rein, und sie lachen sich ins Fäustchen und produzieren, was das Zeug hält.“
„Bei uns zu Hause ist es auch nicht anders“, sagte Annette bedrückt, „wir haben ja auch einen Maststall auf dem Hof. Angeblich rentiert sich sonst die Landwirtschaft nicht mehr, behauptet Vater immer wieder. Ich weiß nicht, ob's stimmt.“
Lutz lachte bitter. „Das kenne ich! Es geht nur um die Piepen. Ob wir uns vergiften oder nicht: Umsatz ist alles! Mit der großen Giftspritze werden die Pestizide in die Landschaft gepustet, damit die Pflanzen ein bisschen üppiger wachsen, obwohl wir ohnehin Überschüsse haben. Und die Gülle aus den Mastbetrieben gibt dem Grundwasser dann den Rest. Den deutschen Rekord hält ein privater Brunnen in Meißen. Die Leute von Greenpeace haben dort 810 Milligramm Nitrat pro Liter Trinkwasser gemessen. Das müsst ihr euch mal vorstellen!“
„Ist das sehr viel?“, fragte Annette überflüssigerweise.
Lutz lachte bitter. „Das ist verdammt viel! Der Europa-Grenzwert liegt bei 50 Milligramm, was schon zu viel ist. Jetzt stellt euch mal das Sechzehnfache des Grenz-

wertes vor! Wer solches Wasser trinkt, bringt sich in Lebensgefahr. Dass Nitrat in Riesenmengen gesundheitsschädlich ist, sollte sich ja wohl inzwischen bis zum letzten Säugling herumgesprochen haben." Lutz zeigte mit der Peitsche in die Richtung, in der sie fuhren. „Auf der anderen Seite des Teutoburger Waldes liegen die Kreise Vechta und Cloppenburg. Dort gibt's besonders viele Schweinemäster. Von dieser flüssigen Schweinescheiße fallen in diesen beiden Kreisen jährlich fünf Millionen Kubikmeter an. Fünf Millionen! Und ich sage euch: Im Münsterland ist es auch kaum anders."

Lena schwieg betroffen. Sie hatte in einer Zeitschrift gelesen, dass es in Süddeutschland besonders schlimm sei und dass dort immer mehr Brunnen geschlossen werden müssten. Sie schaute zu dem Treckerfahrer hinüber und empfand ihn als Feind, obwohl sie wusste, dass das ungerecht war.

Lutz fragte: „Hat eine von euch Ahnung, wie viel Liter Luft ein Mensch von seiner Geburt bis zum Tod so etwa in seine Lungen zieht?"

Annette schüttelte entschieden den Kopf. Lena wusste es auch nicht.

„Mehr als 300 Millionen Liter", erklärte Lutz. „Er braucht nun mal massenhaft von dem Sauerstoff, der in der Luft enthalten ist. Aber die giftigen Gase, die noch und noch in die Atmosphäre geblasen werden, die braucht er ganz und gar nicht: Schwefeldioxid, Stickoxide, Kohlenmonoxid, Kohlenwasserstoffe ..." Lutz schrie nun fast. „Benzol, dieses Teufelszeug, das im Benzin noch immer bis zu fünf Prozent enthalten ist, macht die Menschen kaputt. Es erzeugt Krebs. Jeder weiß es. Aber ziehen wir Konsequenzen daraus?"

Lena empfand zwiespältige Gefühle. Einerseits dachte sie: Es ist wichtig, dass Lutz mir solche Dinge erklärt, denn dann denke ich genauer und schärfer darüber nach. Andererseits dachte sie: Müssen wir gerade auf dieser schönen Reise über so erschreckende Themen reden?

Hatte Lutz etwas gemerkt? Er sprach auf einmal wieder ruhig. „Menschen sind lernunfähig. Das ist der Knackpunkt. Sie sind intelligent und können Informationen aufnehmen, doch sie sind anscheinend nicht in der Lage, Schlüsse daraus zu ziehen. Sie tanken im Laufe ihres Lebens eine Menge an Wissen, doch sie setzen es nicht in Einsichten und in Bildung um. Das ist das Problem. Und darum ist die Welt in so einem schlimmen Zustand. – Langweile ich euch?"

„Aber nein", sagte Lena schnell, „du langweilst mich nicht."

„Mich auch nicht." Annette kramte die Thermoskanne unter dem Sitz hervor. „Aber für heute reicht es. Da brummen einem ja Hummeln im Schädel. Puh!"

Sie ließen den Becher wandern und aßen Butterbrote, die ein bisschen knirschten, weil sie schon leicht angefroren

waren. Die Hügelkette lag hinter ihnen, flaches Wiesen- und Ackerland dehnte sich vor ihnen, so weit der Blick reichte. Kopfweiden und Telegrafenmasten, Zaunpfähle und Buschreihen wirkten wie dunkle Bleistiftstriche auf einem weißen Blatt Papier.
„Motte und Benno sind wirklich gut in Form", lobte Lutz.
Gerade wollte Lena sagen, dass das auch ihre Meinung sei, als von hinten ein Landrover unter gellendem Gehupe angebraust kam. Lena erschrak von dem plötzlichen Lärm. In gewagtem Manöver steuerte der Fahrer in grünem Jägerlook am Fuhrwerk vorbei, und er und die Beifahrerin wedelten wie zwei Verhaltensgestörte beim Überholen mit ihren Hüten. So dicht preschte der Wagen an den Pferden vorbei, dass Motte und Benno zur Seite sprangen und erschrocken hochstiegen. Die drei auf dem Kutschbock konnten sich nur mit Mühe festklammern. Der Planwagen schlingerte. Lutz brauchte alle Kraft, die Haflinger zu halten und den Wagen wieder sicher auf die Straße zu bringen. Die Schneematsche spritzte in hohem Bogen.
„Ihr Armleuchter!", brüllte Lutz den Leuten im Auto nach.
„Euch sollte man stundenlang in den Hintern treten!", schrie Annette.
Lena flüsterte: „Das war knapp!" Sie zitterte am ganzen Körper.

„Dieser Vollidiot! Fährt wie ein Henker ... Hat sich jemand die Autonummer gemerkt?“

„Es ging zu schnell“, antwortete Lena.

Kaum fünf Minuten war der Wagen wieder ruhig gerollt, da wurde das Fahrzeug von der Polizei angehalten. An einer Straßenkreuzung hatten die beiden Polizisten ihren grün-weißen Passat geparkt. Der eine schwenkte wichtigtuerisch die Kelle, der andere hatte lässig und wie zufällig die Hand auf die Pistolentasche gelegt.

„Das soll wohl'n Witz sein“, raunte Lutz den Mädchen zu.

„Allgemeine Verkehrskontrolle!“, rief der Beamte mit der Kelle.

„Sind wir zu schnell gefahren?“, fragte Lutz honigsüß.

Der andere Polizist zog die schwere Lederjacke unter dem Kinn zusammen. „Haben Sie eine Fahrerlaubnis für Pferdefuhrwerke?“

„Habe ich“, sagte Lutz.

„Dann darf ich mal bitten“, forderte der Mann mit der Kelle.

Lutz zog den Ausweis aus der Anoraktasche. Er war noch immer wütend auf die Raser mit dem Geländewagen und reagierte entsprechend gereizt. „Hier! Weil Sie so freundlich gebeten haben.“

„Ach, Sie nehmen das wohl nicht ernst?“, fragte der Polizist, der sich so betont lässig gab. „Sind die Bremsen des Fahrzeugs in Ordnung?“

„Sie sind“, sagte Lutz. Dann fauchte er: „Hören Sie, wir fahren hier langsam und friedlich durch die Gegend, aber uns halten Sie an. Gerade ist hier ein wild gewordener Rennfahrer mit seiner Tussi vorbeigestocht, aber den haben Sie wohl nicht angehalten, wie?“

Der Polizist klemmte sich die Kelle unter den Arm und prüfte umständlich die Fahrerlaubnis. „Das überlassen Sie mal uns, wen wir anhalten und wen nicht!“

„Ungern“, knurrte Lutz.

Lutz bekam den Ausweis zurück. Die Polizisten stiegen in ihren Passat und hatten offensichtlich jegliches Interesse an dem Pferdewagen verloren. Die drei jungen Leute brachen in Lachen aus.

Dann und wann schaute Lutz nun auf die Landkarte. Nach einer lang gezogenen Straßenkurve zeigte ein Schild die Ortschaft Hansell an, und dann war auch schon das große Reklameschild zu sehen: Landhandel van Oye.

„Kleine Pause!“, verkündete Lutz.

Frau van Oye, quirlig, pummelig und lustig anzusehen in ihrem feuerroten Overall, begrüßte die Besucher überschwänglich. Sie war, wenn Lena das richtig verstanden hatte, wohl über drei Ecken mit Annettes Vater verwandt. Heinz müsse in der Lagerhalle nur noch ein paar Kunden abfertigen, dann komme er auch, sagte sie. Und das Mittagessen sei auch bald fertig.

„Wir bleiben nicht zum Essen“, sagte Lutz, „wir wollen

nur die Pferde versorgen. Vor Anbruch der Dunkelheit müssen wir noch bis Gimbte kommen."

Frau van Oye war sichtlich betrübt. „Deine Mutter hat am Telefon aber nichts davon gesagt, dass ihr nicht zum Essen bleiben könnt!"

Lutz breitete bedauernd die Arme aus. Lena und Annette hatten inzwischen die Pferde ausgespannt und in die Lagerhalle geführt. Sie nahmen ihnen die Trensenzäume ab und legten ihnen Decken über. Lutz schleppte Wasser aus dem Wohnhaus heran, dann bekamen Motte und Benno die Säcke mit Hafer und Futtergemisch vorgehängt. Sie ließen es sich schmecken.

In der Küche tranken Lutz, Annette und Lena mit Frau van Oye Tee und aßen Weihnachtsstollen dazu. Heinz van Oye ließ sich nur kurz sehen, weil da noch immer Kunden warteten. Er guckte schmollend wie ein Kind durch die dicken Brillengläser, als er erfuhr, dass die Besucher gleich weiterführen – und war schon wieder verschwunden.

„Wir schauen auf der Heimfahrt noch mal rein", versprach Lutz, als er dann den Planwagen wieder auf die Straße lenkte.

Es war kälter geworden. Die Sonne verblasste. Lutz ließ die Pferde die erste Stunde nur langsam gehen, das war besser so nach dem Fressen. Lena saß nun in der Mitte auf dem Kutschbock und sah ein wenig scheu zu Lutz hoch.

Alle drei waren auf einmal schweigsam. Die Luft wirkte grau. Mäusebussarde kreisten über ihnen. Die Autos fuhren schon mit Licht. Lutz hatte auf dem Messtischblatt einen Wirtschaftsweg markiert, der kürzte ein erhebliches Stück der gewundenen Landstraße nach Sprakel ab. Außerdem fuhren hier keine Motorfahrzeuge. Einmal begegneten sie zwei Jägern mit Flinten, einmal einer Schar kreischender Kinder, die ein Pony spazieren führten. Dann unterquerten sie durch einen Tunnel die Autobahn. Der Hufschlag der Pferde vervielfältigte sich in der düsteren Röhre.

„Noch vier, fünf Kilometer“, sagte Lutz, als müsste er die Mädchen trösten. „Bei den Pelkums wird's euch gefallen, da bleiben wir über Nacht.“

Staunende Passanten winkten freundlich, als der Planwagen durch Sprakel rollte. Ein paar Mopedkids waren auf Zoff aus, doch als Lutz mit der Peitsche drohte, verschwanden sie grölend. Von der Ems stieg milchiger Dunst auf. Lutz lenkte das Gespann in den Uferweg hinein. Hier kannte er sich aus. An mehreren ausladenden, großen Gehöften ging es vorbei. Dann begrüßte heller Lampenschein am Torbogen eines reetgedeckten Hofes die Reisenden und ihre Pferde.

In dieser Reihenfolge kamen sie gerannt: zuerst ein winziger schwarzer Hund, dann zwei Knirpse mit Pudelmützen und endlich ein Mann und eine Frau. Die Kinder hatten zunächst nur Augen für die schönen Pferde.

„Hallo, da seid ihr ja! Herzlich willkommen!“, rief die Frau.
Lutz ließ die Peitsche knallen. „Ja, da sind wir, Tante Cilly!“
Lena spürte wieder einmal Schmetterlinge im Bauch.

Hinauf in den Wald

„Das ist nun mal so Sitte in Westfalen!“, dröhnte Onkel Gottfried. Er war also, wie Lena nun wusste, ein Vetter von Frau Schulze-Gehling. „Ein Begrüßungsschluck muss sein!“ Onkel Gottfried schwenkte mit der linken Hand die Kornschnapsflasche und mit der rechten das Tablett mit den Gläsern. „Das gilt auch für die jungen Damen.“

Sie hatten die Haflinger in den Kuhstall geführt und versorgt, weil der ehemalige Pferdestall längst zur Garage für den Trecker und die Landmaschinen umgebaut worden war. Motte und Benno hatten eindeutig nichts gegen Kühe. Lena hatte den beiden Haflingern die Hälse getätschelt und sich für ihre zuverlässige Arbeit bedankt. Der Planwagen stand im Schuppen, das Reisegepäck war im Haus. Und nun fand die lautstarke Begrüßung statt.

„Iiii!“ Annette schüttelte sich. „Ich trink doch keinen Schnaps! Und wenn das dreimal so Sitte ist.“

Auch Lena wehrte sich erfolgreich.

Also tranken der füllige, rotgesichtige Onkel Gottfried, die gut gelaunte Tante Cilly und Lutz den Begrüßungsschnaps. Und dann noch einen und dann noch einen.

„Armer Lutz!“, flüsterte Annette Lena zu. „Er mag doch gar keinen Schnaps.“

Thomas und Bernd, die Zwillinge mit den abstehenden Ohren, die sich nur durch die Farbe ihrer Pullover unterschieden, entpuppten sich als zärtliche Quälgeister, die sich ohne lange Umstände an Lena und Annette heranmachten, um sie ins Kinderzimmer zu entführen. Ihre Malereien wollten sie zeigen und ihre Warmwasserfische und ihre Urkunden als schnellste Läufer der Grundschule – und Monopoly wollten sie mit den Mädchen spielen. Tante Cilly machte aber resolut klar, dass zuerst einmal gegessen werde.

Während die Zwillinge noch schmollten, weil sie doch wenigstens ihre Weihnachtsgeschenke vorführen wollten, kam Helga, die ältere Schwester, mit ihrem Polo angesaust. Lena fand das Mädchen mit dem aschblonden langen Haar und der lustigen Nickelbrille auf Anhieb sympathisch, doch dass sie Lutz mit einem schmatzenden Kuss begrüßte und für sie und Annette nur einen flüchtigen Händedruck übrig hatte, gefiel Lena weniger. Sie erfuhr, dass Helga bei der Sparkasse arbeitete.

Im großen Wohnzimmer, dessen Wände mit Rehgeweihen und allerlei ausgestopften Tieren bedeckt waren, fand das Abendessen statt. Tante Cilly wuchtete gusseiserne Pfannen mit gewaltigen Schnitzeln und fetttriefenden Bratkartoffeln und Schüsseln mit Möhrengemüse und grünen Bohnen auf den Tisch. Onkel Gottfried schenkte Bier ein. Für die Zwillinge und für Lena und Annette gab es ein Gemisch aus Apfelsaft und Sprudelwasser. Lena langte mutig zu, obwohl ihr dieses mächtige Mahl auf den Magen schlug. Sie dachte: Das wäre was für Pitt!

Und später, während wieder die Schnapsflasche kreiste, wurde erzählt. Lutz und Annette mussten von zu Hause berichten, alle Grüße ausrichten und Oma Tonis Befinden schildern, Tante Cilly spulte bei einem großen Glas Bier die Familiennachrichten der Pelkums herunter, assistiert von ihrer großen Tochter. Gottfried, jetzt weniger Onkel als vielmehr landwirtschaftlicher Unternehmer und Kommunalpolitiker, hielt einen Vortrag über die Chancen des Rapsanbaus und seine anstehende Wiederwahl beim Vorstand des Bauernverbandes. Natürlich kamen auch die Sturmschäden und die Versicherungsprobleme zur Sprache.

Lena hörte das alles, aber sie lauschte mehr dem Klang der Stimmen als den Inhalten all dieser Reden. Doch plötzlich schreckte sie aus ihrem wohligen Halbschlaf auf, denn nun war sie an der Reihe.

Onkel Gottfried sagte: „Prächtig, Lena, dass ihr den Pferdehof wieder zum Leben erweckt habt! So einen berühmten Hof darf man einfach nicht verkommen lassen. Heutzutage mach ich ja alles mit dem Trecker, aber damals, als wir noch Pferde hatten, da hat mein Vater mich manchmal mitgenommen zum Pferdehof. Alle unsere Pferde haben wir nur bei Mattes Jansen gekauft, alle! Gibt’s eigentlich den alten Tewes noch?“

„Und wie es den gibt!“ Lena erzählte und erzählte, und ihr wurde richtig warm dabei, wie sie so von zu Hause und von Raja und den anderen Tieren berichten konnte. Sie fühlte sich auf einmal sehr behaglich, und sicher wäre dies ein gemütlicher Abend geworden, wenn Tante Cilly nicht auf einmal aufgesprungen wäre.
„Hallo, vor lauter Reden hätten wir's ja beinahe verpasst! Heut gibt es was Tolles im Fernsehen. Wollen wir uns das zusammen anschauen?“
Annette zwinkerte Lena zu, Lena zwinkerte Annette zu. Das fehlte noch, dass sie sich mit diesem Schwachsinn den Abend versauen ließen! Eine Show mit viel Lärm und Trara: Prominente führten sich wie Halbgescheite auf, beantworteten kichernd alberne Fragen, spielten kindische Spielchen und bekamen Punkte dafür.
„Lena und ich, wir sind sehr müde von der Fahrt“, sagte Annette. „Habt ihr was dagegen, dass wir schon schlafen gehen?“
„Aber natürlich nicht“, antwortete Tante Cilly, obwohl ihr anzusehen war, dass sie dafür kein Verständnis hatte. Wie konnte man sich so eine großartige Übertragung entgehen lassen!
„Armer Lutz!“, flüsterte Annette an diesem Abend zum zweiten Mal. Laut sagte sie: „Lutz, rufst du noch bei uns und bei den Belkers an, dass alles okay ist und so?“
„Aber sicher“, gab Lutz zurück und verdrehte ein bisschen die Augen, was aber nur Lena und Annette be-

merkten. Er hatte sich den Abend gewiss auch anders vorgestellt.
Im Obergeschoss gab es ein kleines Zimmer, das von einem breiten, altmodischen Doppelbett beinahe ausgefüllt wurde. Hier waren Lena und Annette für die Nacht untergebracht. Die Matratzen hatten zwar tiefe Kuhlen, doch das war den Mädchen egal. Sie hatten natürlich Bücher in ihren Reisetaschen mitgebracht.
„Wow, kalt hier!“ Annette schüttelte sich, während sie sich auszog. „Wie findest du meine Verwandten?“
„Gestreift“, antwortete Lena ehrlich.
„Genau wie ich, Lena!“ Annette huschte hinüber ins Badezimmer.
„Hauptsache, wir haben einen schönen Tag vor uns!“, rief Lena ihr nach. Sie dachte: Heute war doch auch ein schöner Tag! So vieles habe ich gesehen, so vieles gehört. Und dazu der Schnee …
Undeutlich plärrten von unten die Geräusche der Fernsehübertragung herauf: Musikfetzen, Klatschen, Gelächter. Onkel Gottfrieds Stimme wurde immer lauter. Von Lutz war nichts zu hören. Lena und Annette lagen auf dem Bauch und lasen beim funzligen Schein der Nachttischlampen.
„Ich muss noch mal pinkeln“, sagte Annette auf einmal und lief aus dem Zimmer. Als sie wiederkam, wurde sie von einem riesigen grauen Kater begleitet. „Besuch, Lena!“, rief Annette.

Der Kater sprang auf Lenas Bettseite und kratzte sich im Oberbett eine Kuhle. Dann lag er da mit unbewegtem Katergesicht und reagierte weder auf Schmeicheleien noch auf die Streichelversuche der Mädchen. Er war einfach nur da: wie eine Porzellanfigur. Sein Blick war irgendwohin gerichtet, vielleicht nach innen, die beiden Menschen schienen für ihn nicht vorhanden zu sein.

Lena nahm dieses Bild mit in ihren Schlaf, und als sie am Morgen im spärlichen Frühlicht aufwachte, lag der Kater fast an derselben Stelle auf der Bettdecke wie am Abend. Lena war sicher, dass er sich die ganze Nacht nicht bewegt hatte. Merkwürdig! Lena weckte Annette. Die brummte unwillig, wollte sich auf die andere Seite wälzen und weiterschlafen, doch da klopfte Lutz energisch an die Tür.

„Aufstehen, ihr zwei Murmeltiere! Die Pferde warten schon auf euch!“

Der graue Kater sprang vom Bett und schritt würdevoll aus dem Zimmer, als Lena die Tür öffnete. Danach blieb er unsichtbar.

Der kleine schwarze Hund allerdings machte lautstark klar, dass er jede Menge Zuwendung brauchte, und wäre wohl am liebsten auf den Frühstückstisch gesprungen. Das kam Lena sehr bekannt vor. Es gab Spiegeleier mit Schinken, Milchkaffee, Butter, Mettwurst und selbst gebackenes Brot. Onkel Gottfried machte einen ziemlich verkaterten Eindruck, Tante Cillys Haare standen in alle

Windrichtungen ab, Helga war schon fort zum Dienst, die Zwillinge wollten unbedingt mit Annette und Lena eine Schneeballschlacht machen.

Lutz blieb fest. „Gleich nach dem Frühstück fahren wir los!“

„Gemein!“, schrie Bernd und war den Tränen nahe. „Jetzt haben wir euch nicht mal unsere Weihnachtsgeschenke gezeigt!“

Annette vertröstete ihn. „Wir kommen bestimmt irgendwann wieder zu Besuch. Dann spielen wir auch Monopoly. Versprochen!“

Langes Abschiedswinken, Hundegebell, Kinderlachen: Benno und Motte gingen los, als könnten sie es kaum erwarten. Mitten auf der Emsbrücke apfelten die Pferde ausgiebig. Dann stieg der Weg merklich an, aber das schien den Haflingern nichts auszumachen. Vielleicht wurde da so etwas wie die Erinnerung wach, dass ihre Vorfahren aus dem Südtiroler Berggebiet um das Dorf Hafling stammten, wo sie den Bergbauern bei der Arbeit auf den steilen Hängen zuverlässige Helfer gewesen waren.

In Serpentinen wand sich der Weg dem Waldrand zu. Der Schnee auf den Wiesen hatte seinen Glanz verloren, der Wind wehte flattrig von Südwesten, Feuchtigkeit hing in der Luft.

Lena und Annette allerdings waren strahlender Laune. Die Vorfreude auf den Öko-Hof und seine Bewohner,

von denen Lutz ihnen erzählt hatte, machte sie kribbelig. Lutz nahm ihr Kichern und Getuschel gelassen hin.
Nach einer steilen Spitzkehre führte der Weg direkt in den Hochwald hinein. Die Haflinger rutschten einige Male auf dem schneenassen Asphaltweg, doch geschickt fanden sie ihr Gleichgewicht wieder. Einige Nadelbäume waren vom Orkan umgerissen worden, doch die hohen Buchen hatten das Unwetter unbeschadet überstanden. Die Mädchen wurden still und bestaunten die moosüberzogenen Felsbrocken, die sich wie Köpfe schlafender Märchenriesen aus dem Berghang reckten.
„Schön ist es hier“, flüsterte Lena.
„Es war eine gute Idee, mit dem Pferdewagen zu reisen“, sagte Lutz. „Die Schönheit einer Landschaft bekommt man beim Autofahren kaum mit.“
Aus der Ferne tönte das Sirren von Baumsägen. Dicke Schwarzdrosseln stöberten im Laub herum. An den Schlehdornhecken turnten Meisen. Und dann, als sie sich einer großen Lichtung näherten, erblickten die drei Reisenden plötzlich eine große Gruppe von Rehen. Als hätten sie keine Scheu, so äugten die Tiere dem Fuhrwerk entgegen.
„Oh, so ein großes Rudel!“, wisperte Annette. „Schön!“
„Neun Ricken mit fünf Kitzen“, murmelte Lutz. „Ungewöhnlich, so ein großes Rudel. Eigentlich leben die Muttertiere mit einem oder mit zwei Rehkälbern allein, es kommt auch vor, dass sich drei, vier Tiere zu einem so

genannten Sprung zusammenschließen. Aber solch eine Herde – das ist unnatürlich!“

Lena verstand das nicht. Wieso nörgelte Lutz denn so herum? War das denn nicht ein wunderbares Bild? Die schlanken Rehe, die bewegungslos verharrten und die Ohren gespitzt hatten ... „Magst du Rehe denn nicht leiden?“, fragte sie Lutz.

Lutz hob kaum merklich die Hand, als wollte er anzeigen: Du verstehst mich falsch. Leise sagte er dann: „Rehe sind herrliche Tiere. Einerseits so schnell und elegant, andererseits so verletzbar. Und so hilflos in den Scheinwerferkegeln der Autos.“ Es schien, als wollte er nicht weitersprechen, sondern nur die Rehe beobachten, doch dann sprudelte es geradezu aus ihm heraus: „Es gibt zu viele Rehe hier in den Wäldern. Das ist das Problem. Der Wald hält das nicht aus. Die Rehe haben längst keine natürlichen Feinde mehr. Und die bescheuerten Jagdherren, die können ja nicht genug Rehe in ihren Revieren haben! Ist doch schick, wenn man die einflussreichen Geschäftsfreunde und ein paar schießgeile Politiker zur Jagd einladen kann, und man hat dann ordentlich was zum Abballern. Ein toter Rehbock mit einem schönen Geweih: Das ist doch was! Schönes Foto, schöne Trophäe, schönes Besäufnis. Da können sich die Forstleute das Maul fusselig reden, auf die hören die Herren Jagdpächter ja nicht!“ Lutz lachte bitter.

„Pst!“, mahnte Annette.

„Das mit dem Wald“, sagte Lena, „das verstehe ich nicht. Wieso hält der das nicht aus?“
Lutz erklärte es ihr. „Im Winter, wenn sie kein Gras finden, knabbern die Rehe die Rinde von den jungen Bäumen, und die Keimlinge der Bäume fressen sie mit Stumpf und Stiel. Das bedeutet, dass viele Bäume eingehen und dass nichts nachwächst. Gerade im Münsterland, wo es meist nur kleine Wälder gibt, ist das Baumsterben durch Wildverbiss eine akute Gefahr. Und was tun die Jagdpächter? Sie halten künstlich den Rehbestand so hoch wie nur möglich, sie richten jede Menge Futterstellen ein, was zwar nach Tierliebe aussieht, aber absolut egoistisch und widernatürlich ist. So kommen auch kranke und schwache Tiere, die die Natur sonst aussondern würde, über den Winter.“
„Aber wenn sie doch an den Futterstellen was zu fressen kriegen“, wandte Lena ein, „dann brauchen sie doch nicht die jungen Bäume anzufressen.“
„Schön wär's!“ Lutz schniefte. „Wenn die Rehe an den Futterstellen all das Kraftfutter mit den chemischen Zusätzen verputzt haben, dann brauchen sie dringend Verdauungsstoffe. Und was fressen sie dann, Lena?“
„Ich weiß schon“, sagte Lena kleinlaut.
„Genau! Baumrinde und Baumsprösslinge!“ Lutz sagte das sehr laut.
„Mist, verdammter!“, schimpfte Annette. „Warum hast du so laut krakeelt? Jetzt sind sie weg.“

Fast wie in Zeitlupe verschwanden die Rehe mit großen Sätzen über den Hügelkamm. Wildtauben stoben auf, gurrten aufgeregt und stoben mit knatterndem Flügelschlag durch das Astwerk der kahlen Buchen.

„Ich finde Rehe aber trotzdem schön“, beharrte Lena.

„Finde ich auch, das hab ich doch grad gesagt!“ Lutz schwenkte ein bisschen ärgerlich die lange Peitsche. „Die Rehe können nichts dafür, dass sie sich hier so stark vermehren. Die Menschen haben die Schuld. Hast du schon mal was von dem Philosophen Hans Jonas gehört?“

Lena schüttelte den Kopf.

„Der Hans Jonas hat mal was Bemerkenswertes gesagt: Der Mensch ist das einzige uns bekannte Wesen, das Verantwortung haben kann. Indem er sie haben kann, hat er sie. – Kapiert?“ Lutz stieß einen Pfiff aus. „Hopp, Benno! Hopp, Motte! Noch knappe zehn Kilometer, dann sind wir am Ziel!“

Die Haflinger fielen in Trab. Sie schüttelten die weißen Mähnen, als wollten sie sagen: Das ist es doch, was wir die ganze Zeit schon wollten.

Zwei Stunden waren ungefähr vergangen, da erreichten sie auf der Hochebene eine zauberhafte Landschaft. Alte Linden säumten die Allee, an deren Ende das Gehöft lag. Hinter großen Gartenflächen rechts und links waren Obstplantagen zu erkennen. Zwischen den winterkahlen Beerenbüschen weideten Schafe und kleine Esel. Pfauen und Truthähne stolzierten zwischen dem Hühnervolk.

„Was für ein Haus!" Lena staunte. Sie dachte: In Büchern gibt es solche Häuser und in der Fantasie. Aber dies ist die Wirklichkeit.
Es war ein zweigeschossiges Fachwerkhaus, wunderschön in der Struktur seines Gefüges, voll Harmonie in den Ausmaßen. Ein Rankgewächs umrahmte die Tür. Im Türmchen auf dem Dach hing eine kleine Glocke. An der großen Scheune im Hintergrund wuchs wilder Wein, ein flacher Bau – die Fassade von großen Fenstern wie bei den Orangerien barocker Schlösser gegliedert – schien das Winterquartier von Oleander und Palmgewächsen zu sein. Schuppen und Treibhäuser waren weiter dahinter zu erkennen. Mächtige Kiefern überragten das Dach und standen wie Scherenschnitte vor dem Horizont.
„Ja", echote Annette, „was für ein Haus!"
„Wir sind am Ziel", sagte Lutz.
„Man hat uns schon gesehen." Lena zeigte auf das Fenster neben der Haustür. „Seht ihr? Da winkt jemand."
In diesem Augenblick begann das Glöckchen zu bimmeln.

Im Hexenhaus

Chantal und Björn kamen aus dem Haus geeilt, als Lutz vom Kutschbock kletterte. Sie begrüßten ihn herzlich und ernsthaft zugleich, schauten ihn prüfend an und lachten dann, als wollten sie sagen: Du bist noch unser alter Freund. Wie schön, dass es dich gibt!

Lutz stellte Annette und Lena vor. Auch die beiden Mädchen wurden freundlich umarmt. Erleichtert erkannte Lena, dass die Gastgeber sich in ihrem Äußeren und in ihrer Art von jenen Öko-Freaks unterschieden, die Lena nicht besonders mochte: Männer mit ungepflegten Zottelbärten, in demonstrativ zerrissenen Kordhosen und in Holzpantinen, Frauen mit Schuppen im zerzausten Langhaar, in sackähnlichen Kleidern und mit Ketten aus dicken Holzperlen – selbstgerecht, überheblich und schwatzhaft zumeist. Nein, Björn und Chantal waren ganz anders.

Chantal war schmal und von südländischem Charme, nicht nur die Färbung ihrer Sprache verriet, dass sie aus Frankreich stammte. Sie trug schwarze Leggins, Wildlederstiefeletten und eine bestickte Kosakenjacke. Björn sah ein bisschen so aus, wie Lena sich immer Architekten vorstellte: Goldrandbrille, Schnurrbart, Jeans und dunkles Blouson. Nur dass Björn sich keine modische

Fliege vorgebunden hatte. Sein Haar war über der Stirn schon ziemlich gelichtet, obwohl er wohl kaum älter als dreißig Jahre war. Lena dachte: Ich mag die beiden.

„Willkommen im Hexenhaus!“, sagte Chantal.

„Hexenhaus?“ Annette und Lena riefen es gleichzeitig aus.

„So heißt unser Haus bei den Leuten in der Umgebung“, erklärte Björn. „Angeblich hat hier einmal eine Frau gewohnt, die hexen konnte.“

„Hexenhäuser sehen eigentlich ganz anders aus“, sagte Lena. „Jedenfalls in Märchenbüchern.“

Chantal nickte. „In den meisten Märchenbüchern sind die Hexen ja auch als schrecklich hässliche und böse Weiber dargestellt. Doch in Wirklichkeit waren die so genannten Hexen besonders kluge Frauen, was natürlich den herrschenden Männercliquen nicht gefiel. Darum haben sie die Hexen verfolgt und verbrannt. Aber nun kommt endlich rein in unser Hexenhaus, ihr Mädchen! Es ist lausig kalt.“

„Aber die Pferde …“

Björn unterbrach Annette. „Lutz und ich kümmern uns um die schönen Haflinger. Ich finde das ganz stark, dass ihr mit dem Pferdewagen gekommen seid.“

„Es hat viel Spaß gemacht!“, rief Annette über die Schulter, als sie mit Chantal und Lena ins Haus ging.

Lena war vom Inneren des Hexenhauses genauso angetan wie vom äußeren Anblick. Ein Herdfeuer in der

Diele, Massen von Büchern an den Wänden im Wohnraum, überall Bronze- und Steinskulpturen und Bilder von erregender Farbigkeit, Wollteppiche auf den Holzbohlenfußböden, eine große Küche mit einem Rauchfang, wo es nach Früchten und Gewürzen und Gebackenem duftete. Lena wusste von Lutz, dass Björn und Chantal an der Bielefelder Hochschule als Dozenten gearbeitet hatten, bevor sie den Öko-Hof zu bewirtschaften begannen. Dass es hier so heimelig sein würde, hatte Lena nicht erwartet. Sie stand da mit ihrer Reisetasche und der Schlafsackrolle und staunte.
„Schön haben Sie's hier!“, sagte Lena.
Chantal tippte ihr auf die Nasenspitze. „Unter Freunden sagt man doch du zueinander, oder? Bewegt euch im Haus, wie es euch gefällt. Wenn ihr irgendwo jemanden schnarchen hört, dann ist es der Longus, der hat eine lange Autofahrt hinter sich. Und wenn gleich jemand ganz laut kräht, dann ist es unsere kleine Véronique, die wird dann Hunger haben. Am besten zeige ich euch erst mal euren Schlafplatz für die Nacht.“
Die Mädchen folgten Chantal die Treppe hinauf. In einem Raum, der offenbar als Atelier diente, waren Strohmatratzen ausgebreitet. Lena und Annette rollten ihre Schlafsäcke aus. Erst jetzt erkannte Lena an den Signaturen, dass die meisten Bilder im Haus von Chantal stammten.
„Das Badezimmer hat eine blaue Tür“, sagte Chantal,

„nicht zu übersehen. Und, wie gesagt, versucht einfach, euch wie zu Hause zu bewegen. Zwischendurch haben wir ja immer Zeit, miteinander zu reden, damit wir uns auch besser kennen lernen. Wer zwischen den Mahlzeiten Hunger oder Durst hat, muss sich in der Küche was suchen. Okay?“

„Okay!“, riefen die Mädchen.

Chantal hob die Hand und verschwand wieder nach unten, wo Babygeschrei eingesetzt hatte. Véronique war also aufgewacht und verlangte Nahrung.

„Klasse ist's hier!“ Annette war ans Fenster getreten und schaute in den Hof hinunter. „Motte und Benno wohnen drüben in dem flachen Stall. Lutz und Björn füttern sie gerade. Hast du die Winzesel gesehen, Lena?“

„Logo!“

„Lutz hat mir erzählt, dass die Esel und die Schafe sozusagen als Rasenmäher arbeiten. Sie weiden auch zwischen den Beerensträuchern und in der Baumschule mit den größeren Nadelbäumen. Lutz meint, das funktioniert astrein, und Dünger produzieren sie natürlich auch reichlich. Wollen wir uns die Tiere mal aus der Nähe anschauen?“

„Na klar“, antwortete Lena, „den ganzen Hof sollten wir uns mal aus der Nähe anschauen. Ich bin rasend neugierig. Hast du gesehen, dass es auf der Wiese ein Windkraftwerk gibt?“

„Ich kann die Flügel von dem Ding sogar von hier aus

sehen." Annette presste die Backe gegen die Fensterscheibe.

„Und das Ding liefert so viel Energie, dass Björn und Chantal fast den ganzen Strombedarf für ihren Hof damit decken können", sagte da plötzlich jemand von der Tür her. Die Mädchen fuhren herum. Da stand ein junger Mann, der war enorm dünn und enorm lang. Er steckte in einem fast knielangen Rollkragenpullover, war barfuß, rauchte einen Zigarillo und hatte sich die Brille auf die Stirn geschoben.

„Ich bin der Longus", sagte der dünne Mann. „Und ich wette, ihr seid die Mädchen, die zusammen mit Lutz erwartet wurden. Eigentlich heiße ich zwar Friedbert, aber ich finde den Namen so bescheuert, dass ich mich längst an Longus gewöhnt habe. Schön, dass ihr gekommen seid!" Geradezu feierlich gab Longus den Mädchen die Hand.

„Jesses, du musst mindestens zwei Meter groß sein!", entfuhr es Annette.

Longus schüttelte scheinbar gequält den Kopf. „Eben nicht. Ein Zentimeter fehlt, ein winziger Zentimeter. Das muss man sich mal vorstellen!"

„Aber es reicht auch so", tröstete Annette. „Ich heiße Annette und bin die Schwester vom Lutz."

„Sieht jeder", sagte Longus.

„Ich heiße Lena und bin die Freundin der Schwester vom Lutz", erklärte Lena.

„Sieht auch jeder. Hast du Indianer unter deinen Vorfahren?“
Lena strahlte. „Jede Menge. Ich stamme in direkter Linie von Winnetou ab.“ Sie dachte: Der lange Lulatsch scheint in Ordnung zu sein.
„Die anderen kommen erst morgen“, sagte Longus.
Da platzte Lena einfach so raus. „Sag mal, woher kennt ihr euch denn eigentlich alle? Ich meine, der Lutz und du und Chantal und Björn und die anderen.“
Longus war erstaunt. „Das wisst ihr gar nicht? Beim Sitzstreik haben wir uns kennen gelernt. Beim Sitzstreik gegen die verbrecherischen Pferdetransporte. Wir waren sozusagen die Gruppe Münsterland bei der großen Blockade an der österreichisch-italienischen Grenze oben auf dem Brenner-Pass. Hat Lutz euch nichts davon erzählt?“
„Nein“, sagte Annette, „hat er nicht. Wie war das denn?“
Longus zog den Pullover noch mehr in die Länge. „Wir sind alle beim Deutschen Tierschutzbund engagiert. Als das damals so richtig bekannt wurde, was viele schon geahnt hatten, dass da nämlich Massen von Schlachtpferden unter geradezu mörderischen Bedingungen auf riesigen Lastwagen nach Süden transportiert wurden, also, da sind wir zu einer internationalen Aktion zusammengekommen. Wir haben uns aneinander gekettet und die Trucks mit den entsetzlich zugerichteten Pferden

nicht durchgelassen, obwohl die Fahrer mit Knüppeln auf uns eingeschlagen haben. Ich weiß noch, es war brütend heiß. Und all die gequälten Tiere in diesen rollenden Folterkammern ..." Longus ballte die Fäuste und biss sich auf die Unterlippe, als ständen die schrecklichen Bilder der Erinnerung zum Greifen nah vor ihm.
Lena und Annette hielten für Sekunden den Atem an. Was Longus da berichtete, das machte sie sprachlos. Warum hatte Lutz nie davon gesprochen? Er war doch dabei gewesen! Traute er sich nicht, so schlimme Erlebnisse zu schildern? Wollte er den Mädchen so etwas nicht zumuten?
Longus redete weiter. „Wir waren informiert worden, dass wieder Transporter der Killer-Buyers unterwegs waren."
Annette schaute ihn fragend an. „Killer-Buyers?"
„Todeskäufer", übersetzte Longus. „Sie ersteigern oder kaufen billige Pferde für den Schlachtmarkt und transportieren die lebenden Tiere unter grauenhaften Bedingungen dorthin, wo man ihnen den höchsten Fleischpreis bietet. Über Tage können solche Fahrten gehen, viele der Pferde ersticken oder sterben vor Schwäche, andere verdursten oder verhungern oder werden von den anderen Tieren in Panik totgetreten. Ich kann euch sagen, wir haben so entsetzliche Bilder gesehen, dass man gar keine Worte dafür findet. Es gibt Menschen, die sind zu jeder Brutalität fähig, wenn der Zaster lockt. Da

waren Pferde mit gebrochenen Beinen, zerfetzter Haut, blutenden Köpfen ... Und sie klebten da geradezu zusammengepresst aneinander. Und die schreckliche Angst in ihren Augen ...“ Longus schüttelte sich. „Ich will euch das nicht näher beschreiben.“

Die Bilder der Vorstellung zogen wie in einem Albtraum durch Lenas Kopf. Sie versuchte, die Gedanken abzuschütteln. „Und eure Sitzblockade? Wie ging das dann weiter?“

Longus wischte mit den Händen durch die Luft. „Die Zollbeamten guckten zunächst weg, als die Brutalinskis von Fahrern auf uns einprügelten, dann riefen sie die Polizei. Wir hatten nämlich dafür gesorgt, dass Journalisten und Fernsehleute erschienen. Und wenn das Fernsehen da ist, dann kommen auch sofort die Politiker geflitzt und halten die Köpfe vor die Kamera. Sie zeigten sich alle zutiefst betroffen. Ich sage euch, wenn ich die Phrase zutiefst betroffen von einem Politiker höre – egal, in welchem Zusammenhang –, dann kommt mir die kalte Kotze. Wenn diese Heuchler strengere Gesetze beschlossen hätten und für schärfere Kontrollen und knallharte Knaststrafen gesorgt hätten, dann wären solche Todestransporte nicht möglich.“

„Aber gibt es so etwas denn immer noch?“, fragte Annette.

„Natürlich.“ Longus zog den Mund zusammen, als wollte er ausspucken. „Glaubt ihr denn, mit ein paar spektakulären Aktionen könnte man den geldgeilen Tierschindern das Handwerk legen? Damals am Brenner, da wurden dann Tierärzte geholt, da wurden die Pferde von der Folter erlöst und rasch getötet. Durch den Druck der Öffentlichkeit sind vielleicht manche Behörden aus dem Tiefschlaf aufgeschreckt worden, man kontrolliert wahrscheinlich inzwischen genauer. Aber die Transporte gehen ungehindert weiter, da hat sich nichts geändert. Das Problem muss grundsätzlich und europaweit – ja, sogar weltweit – angegangen werden. Eine Gesellschaft, die sich human nennt, dürfte solche Verbrechen an der hilflosen Kreatur nicht hinnehmen. Aber Menschen führen ja leider auch Kriege gegen Menschen. Es ist nicht zu fassen!"

„Aber ... Aber was müsste denn geschehen wegen der Pferde ..." Annette war verwirrt, sie konnte ihre Gedanken nicht richtig ordnen. „Was könnte man denn tun?"

Longus berichtete, was damals geschehen war. Gemeinsam mit dem Tierschutzbund und vielen zornigen Tierschützern und streitbaren Journalisten hatte man Forderungen an das Europa-Parlament gerichtet, und viele tausende Tierfreunde hatten mit ihren Unterschriften diese Forderungen unterstützt. Macht Schluss mit den Todestransporten! Das war die Hauptforderung. Longus sagte: „Das bedeutete das grundsätzliche Verbot von Import und Export lebender Schlachtpferde. Ein generelles Schlachtverbot ist nicht durchsetzbar. Wir essen ja nun mal Tiere, das kann man drehen und wenden, wie man will. Nur wenige Menschen verzichten bewusst auf Fleisch. Aber die fachgerechte Tötung auf dem nächstgelegenen Schlachthof: Die muss ja wohl durchsetzbar sein. Selbst auf kurzen Transporten müssen die Tiere versorgt und von Fachleuten beobachtet werden. Ein europäisches Tierschutzgesetz, in dem Tiere nicht als Sache, sondern als Lebewesen behandelt werden und das Tierquälerei schwer bestraft, wurde überfällig. Aber ihr wisst ja, wie weit Theorie und Praxis auseinander klaffen. Und neuerdings haben wir ja ein zusätzliches Problem. Ich meine: was die Pferdetransporte betrifft."

„Welches denn?", fragte Lena.

„In Europa sind weitgehend die Grenzen offen. Zwischen den EG-Mitgliedsländern gibt es also kaum noch Grenzkontrollen. Das bedeutet, dass ein Lastzug mit Schlachtpferden quer durch Europa brausen kann, und keiner kümmert sich drum. Eine Scheiße ist das! Wenn doch endlich alle tierliebenden Menschen aufwachten und den Tierquälern auf die Finger hauten! Da ist noch viel zu tun. Wir müssen vor allem die Politiker unter Druck setzen." Longus holte tief Luft.

„Und Lutz und Chantal und Björn, die waren damals auf dem Brenner alle dabei?", wollte Annette wissen.

„Ja, wir alle!" Longus nickte.

„Dass Lutz mir nie davon erzählt hat!", sagte Annette leise.

Longus sagte: „Damals haben wir Leutchen aus dem Münsterland beschlossen, dass wir uns mindestens einmal im Jahr treffen, um unsere Erfahrungen auszutauschen und um einfach ein bisschen beieinander zu sein. Das wärmt. Das macht Mut. Darum treffen wir uns hier im Hexenhaus. Ich bin eigens aus Ravensburg angetuckert. Dort hab ich einen Ferienjob als Kellner. Tja, und diesmal seid ihr zwei also auch dabei. Finde ich schön! Und jetzt ziehe ich mir mal ganz rasch meine Klamotten an und begrüße den ollen Lutz."

Longus sauste aus dem Zimmer. Der Pullover schlabberte ihm um die dünnen Beine.

Lena und Annette brauchten einige Zeit, um sich wieder in der Gegenwart zurechtzufinden. Sie schauten sich im ganzen Haus um, spielten ein bisschen mit den drei Katzen, und sahen dann Chantal und Véronique in der Küche zu, weil die mit dem Möhrenbrei eine lustige Schlacht veranstalteten. Die kleine Véronique mit der witzigen Hahnenkammfrisur hatte ihren hellgrünen Overall schon voll gespuckt. Sie hockte auf dem Tisch und strampelte vergnügt.

„Wir laufen mal durch euer ganzes Gehöft", sagte Annette. „Es ist ja noch ziemlich hell."

„Ja, macht das!", rief Chantal. „Dann seht ihr auch, dass das alles mit sehr viel Arbeit zu tun hat."

„Hast du denn dann noch Zeit zum Malen?", fragte Lena.

„Nein, eigentlich nicht." Chantal lachte.
Als sie über den Sandweg zwischen den jungen Obstbäumen zu der Wiese liefen, wo sich die Zwergesel tummelten, hielt Annette ihre Freundin plötzlich an den Haaren fest. „Du, sag mal, wie findest du eigentlich den Longus?", fragte sie.
Lena guckte auf ihre Schuhspitzen. „Ganz toller Typ. Und was der uns alles erzählt hat!"
„Magst du ihn?"
„Nicht so, wie du denkst", antwortete Lena schnell. Sie wusste selber: Das konnte alles und gar nichts bedeuten. Aber was sollte sie denn auch antworten? Longus gefiel ihr sehr, aber Lutz gefiel ihr auch sehr. Verrückt, solche Gefühle! Und die Schmetterlinge im Bauch machten sich auch wieder bemerkbar.
Die sieben kleinen Esel ließen sich gern streicheln. Allerdings schienen sie aber auch darauf aus zu sein, Hosen und Jacken zu zerbeißen. Die Mädchen mussten höllisch aufpassen. Die Schafe lagen wiederkäuend im Schnee und blickten gleichmütig.
Bei den Gartenbeeten zwischen den Treibhäusern trafen Lena und Annette auf Björn und einen fremden Mann. Die beiden waren dabei, einen Treckeranhänger mit Grünkohl zu beladen.
„Wenn er Frost bekommen hat, dann ist der Grünkohl am besten", erklärte Björn, „genauso wie der Rosenkohl. Herr Hentschel beliefert heute Abend noch ein

paar Geschäftsleute." Björn zeigte auf den Mann in lehmverschmierten Stiefeln, der tippte sich nur kurz an die Kappe. Dann zeigte Björn auf die Mädchen. „Das sind Lena und Annette, die sind zu Besuch gekommen." Als der Trecker mit dem beladenen Anhänger losknatterte, streifte Björn sich die Gärtnerhandschuhe ab und forderte die Mädchen auf, mit ihm im Treibhaus Küchenkräuter abzuschneiden, weil gleich am nächsten Morgen zwei Supermärkte beliefert werden mussten. Lena und Annette freuten sich, dass sie ein wenig helfen konnten.

„Wir haben feste Kunden", erklärte Björn, „die beliefern wir mit Gemüse, Obst und Kartoffeln, was halt so jahreszeitlich anfällt. Sie wissen, dass es bei uns etwas teurer ist als anderswo, weil wir die Pflanzen nicht mit Chemikalien hochpuschen. Wir verwenden auch keinerlei Herbizide, und das bedeutet natürlich intensive Arbeit bei der Landbestellung in unserer Großgärtnerei. Aber dafür bekommt man bei uns garantiert unvergiftete Ware." Leise fügte Björn hinzu: „Gegen das Gift, das aus der Luft kommt, sind wir allerdings machtlos."

„Handelt ihr auch mit Eiern?", wollte Annette wissen.

„Ein bisschen", sagte Björn. „Wir haben ungefähr sechzig Hühner, die laufen selbstverständlich frei herum."

„Sehen wir", meinte Lena. „Und die Pfauen …"

„Oje!", unterbrach Björn. „Die haben wir bloß so. Ich meine: Weil sie so schön sind. Aber die müssen jetzt ganz schnell in ihren Stall. Sonst wird's zu kalt für die großen Vögel. Ich hab sie ganz vergessen. Das kann passieren, wenn man Besuch kriegt."

Als Björn eine Flügeltür der Orangerie öffnete, stolzierten die beiden Pfauen von selbst in ihre Nachtbehausung. Sie stießen dabei seltsame Kieks-Laute aus. Ihre Krönchen zitterten.

„Ihr habt ja ganz schön viel um die Ohren!" Annette breitete die Arme aus, als wollte sie das gesamte Gehöft umfassen.

„Das haben wir!" Björn nickte. „Ein paar Leute aus der Umgebung arbeiten für uns. Manchmal ist es schon hart. Aber es macht ja auch Spaß. Vor allem: Wir wollten es so. Und nun kommt erst mal mit ins Haus! Die Tiere versorgen wir später. Auch eure tollen Haflinger."

Chantal, Lutz und Longus saßen am Küchentisch, tranken Bier und klönten und tratschten. Auf dem großen eisernen Allesbrennerherd blubberte duftende Gemüsesuppe in einem mächtigen Topf. Chantal hatte auch frisches Brot aus der Vorratskammer geholt, das sie selbst gebacken hatte.

„Auf euer Wohl, Freunde!" Björn hatte sich einen Krug bis zum Rand voll gegossen, sodass der Schaum überquoll, und stieß mit Lutz und Longus an. „Auf euer Wohl, Freundinnen!" Björn prostete den Mädchen zu. „Was wollt ihr denn trinken?"

Chantal schlug selbst abgefüllten Saft von eigenen Obst-

beständen vor. Annette und Lena waren sofort einverstanden. Véronique krabbelte quiekend Björn entgegen und rupfte dann an seinem Schnurrbart herum.
„Es wird wieder kalt", sagte Björn, „kalt und sternenklar. Gutes Wetter."
Lutz fragte: „Kann ich mal euer Telefon benutzen? Ich hab Gesine einen Anruf versprochen. Sie sitzt in Göttingen an ihrer Examensarbeit, während ich hier gemütlich Bier trinke."
„Du weißt ja, wo das Ding steht." Björn zeigte zur Tür des Nebenraumes, der als Büro eingerichtet war.
Als Lutz verschwunden war, fragte Lena leise: „Gesine? Wer ist das?" Sie fragte so, als hätte es eigentlich gar nichts weiter zu bedeuten.
Annette kicherte. „Na, wer schon! Du kannst vielleicht doof fragen."
„Ach so!" Lena kicherte auch, doch es fiel ihr schwer, und sie wusste genau, dass sie rot wurde. Irgendwo in ihr drin tat es ein bisschen weh.
Telefonieren schien ansteckend zu sein. Kaum war Lutz wieder in der Küche, da reckte Longus seine hundertneunundneunzig Zentimeter in die Höhe, um ebenfalls ganz dringend jemanden anzurufen.
„Rosemarie büffelt in Münster für ihr Mündliches. In drei Wochen ist sie an der Reihe. Germanistik, Skandinavistik und Soziologie. Völlig beknackte Fächerkombination. Auf der Rückfahrt werde ich sie besuchen."

Als Longus verschwunden war, gluckste Annette: „Lena, jetzt frag mich bloß nicht, wer Rosemarie ist!“

„Keine Sorge“, antwortete Lena. Die verdammten Schmetterlinge! Sie dachte: Warum kann ich nicht vernünftig ticken? Was bilde ich mir eigentlich ein, ich blödes Huhn?

Später fragte Chantal sie, ob sie nicht zu Hause anrufen möchte, weil die Eltern doch sicher gern wüssten, was die Tochter so mache. Lena nickte und ging auch zum Telefon.

Gregor meldete sich. Ja, auf dem Pferdehof laufe alles gut, die Sturmschäden seien beseitigt, Pitt habe den üblichen Bärenhunger, Hanna befinde sich zurzeit bei einer Diskussion über Düsenjägerlärm in der Kreisstadt, Raja gehe es ausgezeichnet. „Und was ist mit dir, Lena?“

Lena dachte einen Augenblick nach.

„Ich glaube, mir geht es gut. Ich hatte eine wunderbare Reise, ich habe tolle Leute kennen gelernt, und ich habe dabei viel Neues erfahren. Wenn ich wieder zu Hause bin, habe ich euch eine Menge zu erzählen.“

Sie tauschten Grüße aus. Gregor versprach, die alte Stute in Lenas Namen zu streicheln. Lena überlegte: Habe ich Heimweh?

Chantal rief zum Abendessen. „Nachher versorgen wir gemeinsam die Tiere, und dann machen wir uns einen gemütlichen Abend. Wir haben uns doch so viel zu sagen nach der langen Zeit!“

Es wurde ein sehr langer Abend. Lena fühlte sich glücklich und traurig zugleich, als sie dann in ihrem Schlafsack lag und die Sterne funkeln sah.

Das Fest

Winzige Schneekristalle flimmerten in den Strahlen der Morgensonne und brachten die Luft zum Glänzen. Der Atemhauch blieb in den Augenbrauen kleben und gefror. Die verharschte dünne Schneedecke auf der Wiese knirschte bei jedem Schritt. Lena und Annette zogen die dick vermummte Véronique im Bollerwagen hinter sich her. Das kleine Mädchen brabbelte endlose Geschichten. Einer der Pfauen schrie kläglich. Die Hühner und die Puten pickten Maiskörner. Tief im Wald hörten sie Tauben gurren.

Das wird ein guter Tag, dachte Lena.

Lutz half Chantal im Haus bei den Festvorbereitungen. Longus war gleich nach dem Frühstück mit dem Caravan zum kleinen Flugplatz nach Greven gefahren, um die drei Gäste aus München dort abzuholen. Björn hatte in einem der Gewächshäuser zu tun. Zwei Esel übten Boxen.

„Nachher müssen wir Motte und Benno ein bisschen bewegen“, sagte Annette und kickte mit der Schuhspitze die Eishauben von den vertrockneten Tomatenpflanzen.

„Ausmisten müssen wir auch.“ Lena schüttelte sich die Anorakkapuze vom Kopf. „Ob’s zu kalt ist für die Kleine?“

„I wo! Solche Winzlinge müssen früh abgehärtet werden. Das ist gesund für die Lungen."
Lena stellte sich in Pose. „Verehrte Zuschauerinnen, verehrte Zuschauer, sie hörten den heutigen Gesundheitstipp der bekannten Kinderärztin Frau Doktor Annette Schulze-Gehling! Und nun folgen die Nachrichten mit der Wettervorhersage."
Die folgten dann allerdings nicht mehr, weil Annette ihre Freundin mit harten Schneebrocken attackierte. Véronique hatte ihre Freude an der Kabbelei der Mädchen. Die Schafe guckten auch zu und schienen zu grinsen.
Als Lena und Annette eine Stunde später mit den Haflingern am Führstrick vom Kiefernhang zum Hof zurückkamen, stand der Caravan im Schuppen. Longus war wieder da!
„Schnell, Lena!", rief Annette. „Wir bringen die Pferde in den Stall, komm! Ich bin neugierig auf die Neuen!"
Fröhliche, laute Stimmen schallten aus der Küche. Die ersten Begrüßungsrituale waren wohl schon vorüber. Longus machte die Ankömmlinge mit Annette und Lena bekannt.
Die Neuen, das waren Angelika, ihr Bruder Gabriel und dessen Freundin Esther. Gabriel, stämmig, athletisch und mit schulterlangen Locken, redete mit dröhnender Bassstimme. Die schmale Esther mit den ovalen Brillengläsern und der olivfarbenen Haut brachte höchstens die Hälfte von Gabriels Gewicht auf die Waage. Ange-

lika war offenbar älter als ihr Bruder und hatte einen herben Zug um den schmallippigen Mund, doch das fröhliche Blitzen in ihren Augen wirkte fast wie ein Widerspruch dazu. Lena fand Angelikas Gesicht ungemein anziehend. Sie suchte nach dem richtigen Wort dafür, fand es aber nicht.

Gabriel sagte: „Liebe Freunde, das war Millimeterarbeit! Wenn unser Alter uns nicht die Flugtickets zu Weihnachten spendiert hätte, wären wir schön angeschmiert gewesen. Angelika hat seit Monaten keinen Pfennig Gage gesehen, weil das Fleckerl-Theater wieder mal pleite ist, Esther hat ihren Scheck aus Tel Aviv noch nicht bekommen, und ich armer Hund von Assistenzarzt nage sowieso am Hungertuch. Aber jetzt sind wir ja da!"

„Trinken wir auf das Wohl unseres Alten!", schlug Angelika vor. „Dem grantigsten Vater mit dem goldenen Herzen!"

Alle griffen nach ihren Begrüßungsschnapsgläschen und nur Lena und Annette standen mit leeren Händen da. Das machte ihnen aber nichts.

Lena und Anette erfuhren, dass der gemeinsame Spaziergang durch den Wald und über das Hochmoor fester Bestandteil der Treffen im Hexenhaus war.

Dieses Mal lud das Wetter in besonderem Maße zum Wandern ein. Manchmal, wenn einer etwas sehr Wichtiges zu berichten hatte, blieben alle stehen und stellten

sich im Kreis zusammen, diskutierten, berieten, schimpften und lachten.
Esther, die in München Sozialpädagogik studierte, erzählte von einem aktuellen Fall schlimmer Tiermisshandlungen. Zusammen mit anderen Tierschützern war sie dem Besitzer eines Trabergestüts auf die Schliche gekommen, der mehr als zwanzig Pferde in total verwahrlostem Zustand ohne Pflege und Futter in einen Stall eingeschlossen hatte. Die Tiere waren nur noch Haut und Knochen gewesen, als man mit Hilfe der Polizei die Türen gewaltsam öffnete. Einige Pferde mussten getötet werden. Die Leute in der Umgebung hatten angeblich nichts gemerkt. Doch nun war endlich der Staatsanwalt tätig geworden. Esther wusste aber auch von einem schönen Ereignis zu berichten. Nach dem Vorbild einer Frau im Sauerland, die ein großes Gelände als neues Zuhause für alte und herrenlose Hunde eingerichtet hatte, waren junge Leute auf der Schwäbischen Alb aktiv geworden und kümmerten sich unter fachlicher Leitung um alte Pferde, die auf einem Einödhof eine Heimat gefunden hatten, und eine Schule und ein Verlag hatten die Patenschaft übernommen.
Dann, als die anderen ihre Berichte beendet hatten, forderte Lutz Lena auf, vom neuen Leben auf dem Pferdehof zu erzählen. Lena überwand ihre Scheu sehr schnell, denn sie war ja unter Freunden, und sagte alles, was ihr einfiel. Klar, dass Raja dabei die Hauptrolle spielte!

Natürlich bekam Lutz eine Menge Beifall, weil er ganz zünftig mit dem Planwagen zum Jahrestreffen angereist war, doch er gab das Lob an die beiden Mädchen weiter. „Also, damit die Sache auch ihre Richtigkeit hat! Die Idee stammt von Annette und das Fuhrwerk stammt vom Pferdehof. Ich bin bloß der Kutscher."

Sie erzählten von ihren Plänen und persönlichen Schwierigkeiten, von Erfolgserlebnissen und kleinen privaten Dingen, plauderten in Grüppchen oder Zweiergesprächen, und Lena und Annette lernten diese jungen Leute allmählich kennen, die sich damals beim Sitzstreik angefreundet hatten. Sie schlenderten über Wildpfade, stapften durch angefrorenes Laub, überquerten zwischen Birken und Ginsterstauden das Hochmoor. In einer Art Rucksack hockte Véronique auf Björns Rücken und summte ganz leise vor sich hin.

Der Raureif hatte Gräser und Büsche verzaubert. In den Gräben gleißte das Eis. Lena dachte: Hoffentlich hört unser Rundweg niemals auf. Ich könnte tagelang so gehen.

Esther ließ die Arme wie Propeller kreisen. „Mir wird langsam kalt. Ein heißer Tee wär jetzt nicht schlecht."

Gabriel schlang den Arm um die Freundin. „Gleich sind wir im Hexenhaus, da bullert ein heißer Ofen, und da kriegst du auch deinen Tee, du Zittertante, du."

Lena zeigte auf die Baumwipfel hoch. „So viele Tannenzapfen hab ich noch nie gesehen! Schön sieht das aus."

Lutz knurrte unwillig. „Lass dich nicht täuschen, Lena! Das sind Paniktriebe. Die meisten Bäume hier im Teutoburger Wald sind nicht mehr gesund. Aber wir sollten das Thema jetzt nicht noch weiter vertiefen, denn ab jetzt wird gefeiert."

Ein kleiner Trecker parkte vor dem Hexenhaus. Im Näherkommen sah Lena einen Mann mit Pudelmütze, der einen großen Grill vom Anhänger lud.

„Hallo, Ansgar!", rief Chantal. Zu Lena und Annette sagte sie: „Ansgar ist ein guter Freund von uns. Er betreibt im Dorf eine Reparaturwerkstatt für Landmaschinen. Wenn er uns nicht schon so oft geholfen hätte, wären wir mit unserem Betrieb ganz schön baden gegangen. Von technischen Dingen hatten Björn und ich am Anfang überhaupt keine Ahnung."

Ansgar zeigte zum Hausdach hinauf. „Ihr habt ganz enorm Schwein gehabt, Chantal. Euch hat der Sturm verschont."

Chantal lächelte. „Vielleicht hat uns die gute Hexe beschützt. Hast du Heike nicht mitgebracht?"

„Sie kommt etwas später." Ansgar stellte den Grill vor dem Hauseingang auf. „Soll ich schon anheizen?"

„Aber sicher!", rief Björn. „Bis die Glut richtig ist, dauert's glatt zwei Stunden. Ich schätze, die Leutchen hier werden bald vor Hunger schreien."

Sofort stieß Longus einen Schrei aus. Angelika fasste sich wie gequält an den Magen. Alle trampelten sich den

Schnee von den Schuhen und strebten ins Haus, wo Lutz das Bierfässchen angestochen hatte. Annette und Lena kochten in der Küche das Spezialgetränk aus Früchtetee und Säften und Gewürzen. Esther und Angelika wurden vom Duft angezogen. Sie machten sich nichts aus Bier.

Hentschel und seine Frau trafen ein und brachten einen Topf Kartoffelsalat mit.

Mit einem uralten VW-Bus kamen junge Leute aus dem Dorf getuckert, brachten Gelächter ins Haus, bewegten sich ungezwungen, spielten mit Véronique und schleppten dann Eichenscheite und Strohballen aus dem Gerätehaus heran und entzündeten auf dem Vorplatz ein Feuer. Der Eisenofen in der Küche, das Kaminfeuer in der Diele, die Flammen unter den Grillkohlen und das große Feuer vor dem Haus: Eine Wärmezone entstand an diesem kalten Spätnachmittag, die eine wundersame Stimmung verbreitete.

Annette stieß Lena an. „Träumst du?“

„Ein bisschen“, sagte Lena. „Ja, ein bisschen träume ich.“

Lutz und Chantal hatten am Vormittag verschiedene Salate gemacht, Fleischstücke geschnitten und Würste zurechtgelegt. Die Brotlaibe dufteten würzig, und als dann das Feuer im Grill zu heißer Glut geworden war, legten Gabriel und Annette Kartoffeln und Äpfel zum Garen auf den Rost. Fett spritzte, Würstchen zischelten, Musik ertönte aus der Diele.

Gabriel verkündete, ein wirklich guter Rotwein-Punsch könne selbstverständlich nur von einem Mediziner hergestellt werden, und so machte er sich, assistiert von Longus, an die Arbeit. Der große Kessel auf dem Herd war bald von Neugierigen umstellt.
„Aber mach das Gesöff nicht zu stark!“, forderte Esther.
„Anweisungen an einen der erfahrensten Punschbrauer der Welt!“ Gabriel tat empört. „Hört bloß nicht auf das Weib! Vertraut dem Meister! Verraten euch eure Nasen nicht, dass hier etwas Göttliches entsteht?“
„Was ist denn da alles drin?“, fragte eine Frau skeptisch.
Alle Gifte, die ein Hexenhaus halt zu bieten habe, antwortete Gabriel, den Rest verrate er aber nicht. Und während er mit der linken Hand Gewürze in den siedenden Wein streute, schüttete er mit der rechten Hochprozentiges aus einer bauchigen Flasche dazu.
„Riecht wie im Krankenhaus“, bemerkte Lutz.
„Man merkt, dass du noch nie in einem Krankenhaus warst“, gab Gabriel zurück. „Und nun stört mich nicht, denn der Meister muss sich konzentrieren.“
„Das Fleisch wird allmählich gar!“, rief Ansgar von draußen. „Und zehn Würstchen sind auch schon fertig. Die hungrigsten Figuren können schon mal antraben. Bringt euch Senf mit!“
Teller, Gläser und Bestecke waren auf einer langen Bank in der Diele bereitgestellt. Munteres Getümmel begann. Die einen umlagerten den Grill, die anderen drängten

sich in der Küche, wo Gabriel mit einer Schöpfkelle das dampfende Gebräu ausschenkte.
Lena genoss das fröhliche Durcheinander. Den Grund wusste sie nicht genau, doch sie mochte all diese Leute, von denen sie einige gerade erst kennen gelernt hatte und von denen ihr andere nicht einmal mit dem Namen bekannt waren. Vielleicht war es die offene Art, in der dieses Völkchen plauderte, fragte, berichtete und schmauste.
Annette häufte sich Unmengen Nudelsalat auf einen großen Teller. „Da sind Kapern drin", erklärte sie Lena. „Hmm… Für Kapern würd ich glatt meine Großmutter verkaufen."
„Das verrate ich Oma Toni", sagte Lena, „und dann wirst du enterbt. Hast du den Radieschensalat schon mal probiert?"
„Nee, aber den kalten Käseauflauf. Allererste Spitze!"
Also machte Lena sich an den Käseauflauf heran. Sie fand Annettes Urteil bestätigt, probierte anschließend den Möhrensalat und das Knoblauchbrot und verputzte auch noch ein paar gefüllte Zucchini. Ihr Spezialgetränk war inzwischen von mehreren Frauen gelobt worden. Von den Männern hatte kaum einer daran genippt. Typisch, dachte Lena, bei denen muss immer Alkohol im Spiel sein.

Beim großen Feuer hatten inzwischen die ersten Tänzerinnen und Tänzer die dicken Jacken abgestreift. Lena erkannte die Rhythmen aus Orfeo Negro. Chantal legte die Platten auf. Björn brachte derweil die kleine Véronique zu Bett, und das nahm eine Menge Zeit in Anspruch. Als er später aus dem Haus kam, brachte er eine Hand voll Zigarren mit, doch nur Gabriel, Hentschel und er selber wollten rauchen.

Angelika stand ein wenig abseits mit ihrem Punschglas. Sie schirmte mit der Hand die Augen gegen das Licht des Feuers ab und schaute zum Sternenhimmel hinauf. Plötzlich wusste Lena das Wort, das ihr zuerst nicht eingefallen war: Schön! Angelikas Gesicht war einfach schön.

Auf einmal nahm einer der Jungen aus dem Dorf Lena bei der Hand. „Komm schon!“, bat er. „Oder willst du nicht tanzen?“

„I-i-i-ich kann doch gar nicht tanzen“, stammelte Lena verwirrt. Doch da war sie schon hineingezogen in das Gequirle und Gewoge beim Feuer. Sie spürte, wie sich die Bewegungen der anderen auf sie übertrugen, das war fast wie ein gemeinsames Atmen. Nur dann oder wann fühlte sie die Hände des Jungen mit der Baskenmütze, dann war auf einmal Longus vor ihr, dann Lutz und dann Björn. Sie tanzte auch mit Esther und Chantal, und eigentlich tanzten sie alle miteinander. Als sie Annettes Stimme dicht an ihrem Ohr hörte, musste sie lachen.

„Macht’s dir Spaß?“, rief Annette.

Lena nickte nur. Sie schloss die Augen und bewegte sich ganz leicht zu den schwingenden Takten einer Handtrommel, dann röhrte ein Saxophon auf. Jemand nannte den Namen Gerry Mulligan, doch den hatte Lena noch nie gehört. Lena erfuhr ein Lebensgefühl, das ihr bis jetzt unbekannt gewesen war. Sie dachte an Lutz und an Longus, gab sich Mühe, die Gesichter der beiden aus der Vorstellung zu streichen, schaffte es aber nicht. Lutz tanzte mit Chantal, Longus war im Haus, um die nächste Platte auszusuchen, Gabriel hatte die Arme um Esther geschlungen. Eine junge Frau tanzte weltvergessen für sich ganz allein am Rande des Feuerscheins. Hentschel brachte den Trinkern Nachschub.

Und danach hatte Lena den dringenden Wunsch, die Haflinger im Stall zu besuchen. Als ob sie auf diese Weise in dieser merkwürdigen Stunde eine Beziehung zum Pferdehof herstellen müsste: So kam ihr das vor.

Niemand schien es zu merken, dass Lena den Kreis der Feiernden verließ. Die Musik war im niedrigen Stall nur schwach zu vernehmen. Die kleinen Esel schauten von ihrem Strohlager auf, als Lena hereingeschlüpft kam. Sie erhoben sich aber nicht. Motte und Benno gaben mit leisem Schnauben zu verstehen, dass sie Lena erkannt hatten. Lena wühlte mit den Händen in den Mähnen der Haflinger. Sie fühlte sich wohlig müde. Sie atmete den Geruch ein, der von den Pferden ausging. Ein Schaf blökte klagend im Schlaf.

Als Lena den Stall verließ, sah sie Longus im Dunkeln stehen. Er betrachtete intensiv den Sternenhimmel, der zu vibrieren und zu fließen schien.

„Hallo, Lena!“, rief Longus leise. „Guck dir den Orion an! Mein Lieblingssternbild. Er war der griechischen Sage nach ein schöner Jüngling und ein gewaltiger Jäger, aber Artemis hat ihn getötet. So eine blöde Kuh! – Da, erkennst du ihn? Der Gürtel, das Schwert, die Schultersterne. Sogar vom Orionnebel ist was zu sehen. Es ist wunderbar klar in dieser Nacht.“

Lena sagte: „Mein Lieblingssternbild ist die Große Bärin. Ich muss dann immer an Peterchens Mondfahrt denken. Sehr kitschig?“

„Aber wieso denn?“ Longus sprach sehr ernst. „Warum sollen in unseren Träumen nicht die Märchengestalten herumspuken? Der Alltag ist doch so schrecklich vernünftig, dagegen müssen wir unsere Träume setzen, sonst werden wir meschugge. Wenn wir die Große Bärin anschauen wollen, müssen wir uns allerdings umdrehen.“

„Weiß ich doch“, sagte Lena. „Die ist im Norden, und wenn wir die Achse der hinteren Sterne fünfmal verlängern ...“

„... dann sehen wir den Polarstern.“

Sie kicherten beide und schlenderten zum Feuer zurück, das zu dunkler Glut zusammengefallen war. Lena erkannte die Musik: The Soul Cage von Sting. Manche der Tänzerinnen und Tänzer waren ein bisschen beschwipst, und alle bewegten sich nun ruhiger. Sie hatten einander die Hände auf die Schultern gelegt und einen großen Kreis gebildet. Lena und Longus reihten sich ein.

Später holte Chantal eine Gitarre aus dem Haus und sang französische Lieder: die Ballade von den Matrosen von Groix, das Lied vom Leuchtfeuer von Saint Malo und zum Schluss *Au clair de la lune*. Alle, die die Melodien und ein wenig vom Text kannten, sangen und summten mit. Gabriels Bassstimme dröhnte immer einen Viertelton zu tief.

Zeit zum Schlafengehen!

Die Leute aus dem Dorf zogen still davon.

Ansgar sagte: „Lasst das Feuerchen einfach ausbrennen. Es geht kein Wind. Da kann nichts passieren. Wir helfen dann alle beim Aufräumen und Spülen und so. Ehrensache. Aber jetzt brauche ich erst mal 'ne Mütze Schlaf."

Angelika hatte sich auf dem Matratzenlager bei Annette und Lena einen Schlafplatz gesucht. Sie atmete nun ruhig, als Lena als Letzte in den Schlafsack kroch. Aus den anderen Zimmern waren noch eine Weile Geräusche zu hören, dann wurde es still im Hexenhaus.

Lena beugte sich zu Angelika hinüber und betrachtete sekundenlang ihr friedliches Gesicht im fahlen Sternlicht. Sie dachte: Dass sie Schauspielerin ist! Ich weiß so wenig über diese Frau. Hoffentlich sehe ich sie im nächsten Jahr wieder.

„Leg dich endlich hin!", wisperte Annette.

Lena hatte noch eine von Chantals Melodien im Kopf, die nahm sie mit in ihren Schlaf.

Wieder daheim!

Ach, diese heiter-traurigen Abschiede, bei denen einem zum Lachen und Tränenzerdrücken ist! Vorbei das Fest, vorbei die Stunden mit den neuen Freunden, vorbei die Zeit im Hexenhaus. Und während es irgendwo ums Herz herum noch wehtut, weil das Erlebte so stark nachklingt, flattern die Schmetterlinge schon wieder aufgeregt im Magen herum, weil es heimwärts geht.

Jedenfalls empfand Lena das an diesem Morgen so, als sie mit Annette und Lutz auf den Kutschbock kletterte. Beim Frühstück waren alle ziemlich schweigsam gewesen und hatten reichlich zerknittert ausgeschaut. Kunststück nach solch einer Nacht! Aber Björns starker Kaffee weckte die Lebensgeister allmählich. Ansgar war auch gekommen und hatte knusprige Brötchen mitgebracht.

Dann war nervöse Aufbruchstimmung ausgebrochen, die steckte an, die machte alle hastig und etwas albern. Véronique spürte das und plärrte. Lutz hatte schon früh die Haflinger versorgt und angeschirrt. Obwohl es keinen wirklichen Grund gab, hatte er die Mädchen zur Eile angetrieben.

Lutz knallte kunstvoll mit der Peitsche. „Los, Motte! He, Benno! Auf geht's!" Als die Pferde sich ins Geschirr legten und den Planwagen zum Rollen brachten, stieg Lutz auf die Sitzbank und drehte sich noch einmal den Freunden zu. „Wir sehen uns wieder! Freunde, wir sehen uns wieder!“

Annette und Lena winkten, doch sie schauten sich nicht um. Der Kloß im Hals machte die Stimme fremd. „Lebt wohl! Lebt wohl!“

Und bis zum Waldrand klangen ihnen die Rufe nach von Björn und Chantal, von Angelika, Esther und Gabriel, von Ansgar und vom langen, langen Longus. Véroniques Stimmchen war längst nicht mehr zu hören. Die Pferde gewannen offensichtlich rasch Gefallen an ihrem flotten Tempo. Lutz musste sie energisch zurückhalten auf dem abschüssigen Waldweg. Holzarbeiter schauten dem Fuhrwerk zu und riefen ihnen allerlei Blödsinn zu. Nach der klaren Nacht war Dunst aufgekommen. Die Temperatur stieg merklich. Die Schneeflächen schienen zu schrumpfen und wirkten im schräg einfallenden Licht beinahe blau. Lutz pfiff das Lied von den Matrosen von Groix. Den Kehrreim schmetterte er mehr laut als schön: „Mon traderi tra, tralata! Mon traderi tra lanlère ...“

In das Gesinge und Gepfeife hinein fragte Annette: „Mal ganz ehrlich, Lena, hat sich die Reise gelohnt?“

Lena lächelte, sie überlegte einen Augenblick. „Die Reise ist ja noch nicht zu Ende“, sagte sie, „wir sind noch nicht wieder zu Hause.“ Aber das war nicht ganz richtig so. Lena legte der Freundin die Hand auf den Arm. „Und ob die Reise sich gelohnt hat! Ich werde das alles nicht vergessen."

„Ich auch nicht", antwortete Annette leise.

Lutz hatte für die Heimfahrt eine andere Route ausgesucht. Nördlich von Bad Iburg fuhren sie unterhalb des Dörenbergs auf den Ort Lienen zu. Dunkelgrauer Matsch spritzte, wenn Autos überholten. Die Beine der Pferde glänzten nass und schwarz. Ein Hof im Kattenvenn war das Tagesziel.

Die Leute vom Sägewerk waren mit den Schulze-Gehlings zwar nicht verwandt, doch es gab anscheinend starke familiäre Bindungen: Lutz und Annette duzten sich mit den Großeltern, Eltern und Kindern der Familie Averesch. Es gab wohl fünf Kinder. Lena überschaute das Gequirle der fröhlichen Schar nicht ganz.

Hatte Lutz den van Oyes auf der Hinfahrt nicht auch einen Besuch auf der Rückreise zugesagt?, überlegte sie zwischendurch, vergaß es dann aber gleich wieder, wie auch Lutz das Versprechen wohl vergessen hatte. Oder war das vielleicht nur eine Floskel gewesen, die garnicht ernst gemeint war?

Beim Abendbrot und beim allgemeinen Geplauder war Lena nicht bei der Sache. Alles ging ihr nun nicht schnell genug. Sie brannte darauf, nach Hause zu kommen. Auf einer ausziehbaren Couch in einem kühlen Büroraum schlief sie neben Annette, wälzte sich unruhig, träumte

auch von bissigen Zwergeseln und sturmzerzausten Wäldern und kam erst gegen Morgen wirklich zur Ruhe.
„Das war der letzte Schlaf in diesem Jahr!“, kreischte Annette, als sie Lena aufweckte. „Weißt du nicht, was für einen Tag wir haben?“
Die verdutzte Lena wusste zunächst nicht einmal, wo sie sich befand. Doch dann begriff sie. „Silvester!“
„Ja, du Schlafwagen! Silvester ist heute. Schnupper mal! Riechst du auch Spiegeleier und Speck? Raus aus der Schlafkoje, Lena! Bald sind wir zu Hause.“
Johlend begleiteten die Kinder vom Sägewerk die trabenden Haflinger bis zur Landstraße.
„Und bestellt zu Hause gute Wünsche zum neuen Jahr!“, rief Frau Averesch dem Wagen nach.
„Machen wir!“, schrie Lutz gegen den Lärm der Kinder an. „Und danke für die Gastfreundschaft!“
Bald erreichten sie Landschaften, die ihnen vertraut waren. Die Pferde spürten das und Annette und Lena erst recht. Lutz machte altkluge Bemerkungen über die Aufgeregtheit der Mädchen, doch die tuschelten unbeeindruckt weiter. Lena hatte sich auf der Heimfahrt ganz bewusst auf den rechten Außenplatz gesetzt, obwohl sie sich über den Grund dafür nicht recht klar war. Sie ahnte jedoch, dass es mit ihr selbst zu tun hatte und nicht mit Lutz. Entspannt lauschte sie dem Klappern der Hufe und dem Summen der Wagenräder auf der nassen Straße.
„Gutes Stündchen noch“, sagte Lutz.

Annette zeigte zu den Wespenbussarden hoch, die auf der Spitze einer Zitterpappel thronten. „Das ist das Begrüßungskomitee!"
Am frühen Nachmittag erreichten sie den Pferdehof. Die hölzernen Pferdeköpfe am Hausgiebel schienen zu wiehern – jedenfalls empfand Lena das so. Heim zu kommen: so stark hatte sie das vorher nie erlebt.
Als die Räder auf dem Kies knirschten, sprang die Haustür auf. Pitt und Ronja kamen gleichzeitig die Stufen heruntergepurzelt. Die Wuschelhündin überschlug sich fast vor Freude. Dann erschien auch Hanna unter der Tür und winkte.
„Hallooo!", brüllte Pitt. „Habt ihr mir was mitgebracht?"
Annette und Lena schauten sich betreten an. Daran hatten sie wirklich nicht gedacht. Aber Lutz wusste Rat. Er klopfte auf die Klappe der Sitzbank. Im Kasten waren doch noch die Butterbrote, die Mutter Averesch geschmiert hatte. Pitt und Ronja freuten sich über die zusätzliche Mahlzeit.
„Die habt ihr extra für mich mitgebracht?", fragte Pitt freudig erregt. „Alle diese Butterbrote? Mensch, mit Schinken und mit meiner Lieblingsleberwurst! Danke!"
Die Haflinger hielten an. Sie wippten mit den Köpfen, ihre Nüstern dampften. Hanna streichelte ihre Flanken und nahm ihre zärtlichen Nasenstüber entgegen.
„Wie war die Reise?", fragte Hanna.

„Gut!“, riefen Lutz und Annette und Lena zugleich.
„Ich hab euch so viel zu erzählen!“, fügte Lena hinzu, als sie vom Bock gesprungen war und der Mutter einen Kuss auf die Backe drückte. Spontan wollte sie auch Pitt umarmen, doch der ergriff entsetzt die Flucht. Die Wuschelhündin konnte sich nicht recht entscheiden, ob sie noch weiteres Begrüßungsgehopse vollführen oder besser zu Pitt mit den Butterbroten laufen sollte.
„Wirklich, es war eine gute Reise“, sagte Lutz zu Hanna. „Wir hatten schöne Tage bei guten Freunden. Was will man mehr?“
„Das ist sehr viel“, entgegnete Hanna ernst.
„Und wie war's hier bei euch?“, wollte Lena wissen.
„Wie immer“, sagte Hanna. „Aber du hast uns natürlich gefehlt. Und ehe du weiterfragst: Raja ist gesund und munter. Xerxes und Mux hatten zweimal Streit. Sturmwind ist auf Sparration gesetzt worden, weil der Bursche nach Tewes' Meinung zu fett geworden ist. Ach ja, deinem Vater geht es auch gut, falls dich das interessiert. Da kommt er gerade.“
Gregor hatte die letzten Sätze gehört. Zusammen mit Ioannis transportierte er mit einer Schubkarre Kaminholz von der Scheune zum Wohnhaus. „Typisch!“ Er lachte laut. „Erst wird über das Befinden der Tiere schwadroniert, und dann verliert man so nebenher auch mal ein Wort über den ollen Vater. Na, ich bin's ja gewöhnt. Hallo, Lutz! Hallo, Annette! Wie mein trübes

Auge feststellt, sind alle Beteiligten wohlbehalten heimgekehrt. Prima! Wollen wir ins Haus gehen?“
Lutz und Annette hatten es aber eilig, zum Hof von Schulze-Gehling zu kommen, und darum waren sie dankbar, dass Hanna sofort den Volvo aus der Scheune holte. Während Lutz noch mit Gregor über die Stationen der Fahrt sprach, luden Lena und Annette schon das Gepäck vom Planwagen und verstauten die Reisetaschen und die Schlafsäcke von Lutz und Annette auf der Ladefläche des Volvo.
„Zum Erzählen haben wir noch ’ne Menge Zeit“, sagte Annette zu Hanna. „Die Ferien sind ja noch nicht zu Ende. Und jetzt freue ich mich auf unseren Hof. Und besonders auf Odin!“
„Darf ich die Haflinger ausspannen?“, fragte Ioannis.
„He, ich helfe mit!“, schrie Pitt mit vollem Mund.
„Aber vorsichtig!“, mahnte Gregor.
„Und reibt die Pferde gut trocken!“, erinnerte Hanna.
„Das wissen wir doch alles“, erklärte Pitt. „Wir sind ja schließlich keine Kinder mehr. Wir sind Spezialisten.“
„Genau“, bestätigte Ioannis, „wir sind Spezialisten.“
„Das hab ich doch schon mal irgendwann gehört“, murmelte Gregor. „Hatte das nicht mit einem beleuchteten Weihnachtsbaum zu tun?“ Er nahm Lenas Tasche und den Schlafsack. „Ich trage die Sachen ins Haus, einverstanden? Ich weiß doch, wohin du jetzt erst mal ganz dringend laufen musst.“

„Aufs Klo?“, fragte Pitt.
„Käsekopp!“ Lena tippte sich an die Stirn. „Zu Raja natürlich.“
„Sehen wir uns morgen?“, fragte Annette.
„Logo.“ Lena klatschte die Handflächen gegen die der Freundin. „Dann müssen wir uns doch ein gutes neues Jahr wünschen – und ganz viel erzählen.“
„Tschüss zusammen!“, rief Lutz aus dem Seitenfenster.
Lena winkte dem Volvo nach. Eigentlich wollte sie sich bei Lutz bedanken, doch auf einmal fühlte sie sich merkwürdig unsicher. „Wahrscheinlich weiß Lutz doch auch so, dass er mir mit dieser Reise eine große Freude bereitet hat“, dachte sie.
Und dann rannte Lena zum Pferdestall und schlang die Arme um Rajas Hals und lachte unter Tränen. „Raja, gute alte Raja, ich bin wieder bei dir! Frag mich nicht, warum ich heule, hörst du? Ich weiß es nämlich selber nicht.“
Sie hatte der alten Stute so viel zu erzählen: von den neuen Freunden, von ihren Gesprächen und Erfahrungen, von der Reise und vom Hexenhaus. Lena flüsterte: „Ich denke jetzt über viele Dinge schärfer und genauer. Ich habe viele Gedanken der Freunde in meine eigenen Gedanken aufgenommen. Ich bin ein bisschen älter geworden. Verstehst du das, Raja?“
Raja schnaubte leise und zeigte die Zähne. Dass dies Lachen bedeutete, wusste nur Lena. Und Lena verstand

auch, was Raja ihr mitteilen wollte: Hör mal, Lena, ich wär für einen kleinen Ausritt. Was hältst du davon?

„Ja", sagte Lena, „wir machen jetzt zusammen einen kleinen Ausritt. Und unterwegs erzähle ich dir die ganze Geschichte von meiner Winterreise."

Rettet Robinson!

Zwei Pferde kommen in die Schule

Lena dachte: Ich glaube, ich bin auf dem Ententeich! Sie musste schreien, damit Annette es auch verstand, obwohl die Freundin direkt neben ihr saß. „Sind das nicht tolle Aussichten? Schule ist gar nicht so doof, wie ich immer dachte! Was sagst du dazu, Annette?"

Annette verzog das Gesicht, als hätte sie ein entsetzlich saures Bonbon im Mund, und antwortete irgendetwas, das Lena aber bei diesem gewaltigen Lärm nicht richtig hören konnte.

Ja, es war ein Geschnatter wie auf einem Ententeich. Die Aula der Droste-Schule von Habichtsbeek war prall gefüllt bis auf den letzten Platz, und alle Jungen und Mädchen redeten und schrien und lachten gleichzeitig, weil sie von der Nachricht völlig überrascht worden waren.

Eine Arbeitsgemeinschaft Reiten und Voltigieren im Schulunterricht sollte eingeführt werden! In der Schule reiten: Wenn das nicht mindestens eine mittlere Sensation war! Drei Sportlehrerinnen hatten sich bereit erklärt zu einer Spezialausbildung für diesen besonderen Unterricht. Der Förderverein der Droste-Gesamtschule wollte das Geld für die Anschaffung und für den Unterhalt von zwei geeigneten Pferden aufbringen.

Ioannis war zwei Reihen vor Lena auf den Stuhl gestiegen; er wedelte vor Begeisterung wild mit den Armen und kreischte: „Leute, das ist eine Superidee! Zwei Pferde kommen in die Schule! Wenn die mich auf ihrem Rücken sitzen lassen, dürfen sie zum Ausgleich bei der Englischarbeit von mir abschreiben!“

Frau Spinn, die Englischlehrerin, drückte den Schreihals wieder auf seinen Hosenboden. Dass sie von allen Schülerinnen und Schülern immer nur Missis Spider genannt wurde, hatte sich einfach so ergeben. „Bei dir abschreiben, Ioannis?“ Die Lehrerin schmunzelte. „Das sollen die Pferde besser lassen! Du bist doch der Klassenchampion im Fehlermachen!“ Sie klatschte heftig in die Hände. „He, ihr alle! Jetzt haltet mal endlich die Klappe! Es geht weiter.“

Direktor Autenschulte klopfte mit der einen Hand ans Mikrofon des Rednerpultes oben auf der Bühne, mit der anderen rückte er die getönte Brille zurecht. „Ich kann eure Begeisterung ja gut verstehen“, rief er gegen das Geschnatter an, „aber nun darf ich wohl wieder um eure Aufmerksamkeit bitten! Und wer sich nicht sofort anständig auf seinen Stuhl setzt, fliegt achtkantig raus. Das gilt auch für dich, Tobias!“

Lena rüttelte an Annettes Schulter. „Sag schon!“, zischte sie. „Findest du die Sache etwa nicht große Klasse? Das bringt doch richtig Leben in die Schule!“

Annette griff sich mit beiden Händen an den Kopf, als

müsste sie sich vor Entrüstung die kurzen blonden Haare ausreißen. „So ein Pipifax!“, fauchte sie. „Alle stellen sich hintereinander auf, und dann darf jeder mal ’ne Minute auf so einem müden Gaul hocken, und wer nicht runterfällt, kriegt ’ne Zwei angeschrieben. Babykram! Mit Reiten hat das doch nichts zu tun. Aber mir soll’s piepe sein. Ich gehe ja sowieso nicht in so eine komische AG.“

„Brauchst du auch nicht“, sagte Lena. Sie war von Annettes Antwort enttäuscht. „Du hast ja auch ein eigenes Reitpferd und kannst im Reitverein rumgaloppieren oder bei euch auf der Wiese. Aber denk doch mal an die anderen, die nie die Möglichkeit haben, mal ein bisschen zu reiten oder überhaupt ein Pferd anzufassen! Für die ist so eine AG doch eine erstklassige Chance.“

Annette schniefte spöttisch.

Direktor Autenschulte konnte endlich weiterreden. „An einigen Schulen im Regierungsbezirk Münster bestehen bereits solche Arbeitsgemeinschaften für Reiten und Voltigieren. Weil sie sich hervorragend bewährt haben, entschlossen sich Lehrerkollegium und Schulträger hier, die Idee aufzugreifen. Die beiden Pferde werden zunächst auf einem Bauernhof am Stadtrand untergebracht und versorgt. Vielleicht sind wir eines Tages in der Lage, auf dem Schulgelände einen Stall zu bauen. Dann könnten wir auch die artgerechte Pferdepflege ins Unterrichtsprogramm unserer neuen AG aufnehmen.“

Prasselndes Händeklatschen unterbrach die Rede des Direktors. Ja, das waren aufregende Neuigkeiten. So machte Schule Spaß!
Plötzlich hob ein Junge, der schräg hinter Lena saß, die Hand. Lena drehte sich um und sah, dass es Mattes aus der achten Klasse war. Er hatte wie fast immer die Schirmmütze auf dem Kopf, um die Lena ihn brennend beneidete. Sie wusste nämlich, dass die Mütze vom Indianermarkt in Albuquerque stammte. Ein Verwandter hatte sie Mattes von einer Ferienreise durch New-Mexico mitgebracht.
„Was ist denn, Mattes?“, fragte Direktor Autenschulte von der Bühne herunter. „Hast du etwas nicht verstanden?“
„Mir ist da was nicht ganz klar an dieser Arbeitsgemeinschaft, die an unserer Schule gegründet werden soll. Darum würde ich gern mal ’ne Zwischenfrage stellen.“
„Dann stell sie!“ Dem Direktor schien die Unterbrechung nicht zu gefallen. Wieder fingerte er an seiner Brille herum.
Mattes schob mit dem Zeigefinger den Mützenschirm hoch. „Wer bei der neuen AG mitmacht, wenn’s so weit ist …“ Mattes stand vom Stuhl auf, weil er merkte, dass die Mädchen und Jungen in den hinteren Reihen der großen Aula ihn nicht deutlich verstehen konnten, und begann noch einmal: „Wer bei der neuen AG mitmacht, also kriegt der dann später so ein offizielles Leistungsab-

zeichen oder das Deutsche Jugendreiterabzeichen? Ich meine, wenn man bestanden hat. Oder wenigstens einen Reiterpass?“

Direktor Autenschulte wirkte jetzt eindeutig sauer. „Hast du nicht zugehört, Mattes? Ich habe doch bereits ganz zu Anfang gesagt, dass es in dieser AG völlig ohne Leistungsdruck und Stress zugehen wird. Keine Prüfungen, keine Zensuren, keine Zeugnisnoten. Der Sinn ist, ein neues Verhalten dem Tier gegenüber zu entwickeln und das Pferd ganz und gar als Partner und nicht etwa als Sportgerät zu empfinden. Und ganz entspannt den eigenen Körper in der Berührung mit dem Körper des Pferdes zu erleben: Darauf kommt’s auch an. Hast du das jetzt verstanden, Mattes, oder hockst du noch immer auf deinen Ohren?“

Mattes wurde vor Verlegenheit zwar knallrot im Gesicht, weil einige um ihn herum kicherten, aber er verteidigte sich. „An manchen Schulen gibt es AGs, wo man lernt, wie Mofas und Mopeds funktionieren und wie man sie reparieren kann. In Billerbeck zum Beispiel, da ist das so. Und hinterher kann man dann den Führerschein machen. Da hat man doch wenigstens was von! Welchen Sinn soll denn unsere Arbeitsgemeinschaft mit so ’nem bisschen Reiten und Voltigieren haben?“

„Der Sinn ist die Freude an der Nähe zu den Pferden. Tut mir Leid, wenn du das nicht kapierst, Mattes. Die anderen scheinen es verstanden zu haben.“

Viele Jungen und Mädchen nickten zu den Worten des Direktors. Gemurmel setzte wieder ein. Da und dort begannen Grüppchen laut zu diskutieren. Lena dachte: Warum stellt der blöde Mattes sich so bescheuert an? Fast alle freuen sich, aber er muss mal wieder motzen.

„Okay“, knurrte Mattes, „mir soll’s schnuppe sein. Für mich kommt so eine Anfänger-AG natürlich nicht in Frage. Ich hab ja schließlich ein Turnierpferd.“

„Hast du Turnierpferd gesagt?“ Leonie kreischte los wie eine Heulboje. „Dein Robinson ist doch ein Pony, der ist kein Pferd! Und wenn du mit deinen langen Beinen auf deinem Pony hockst, siehst du aus wie ein Zirkusclown. Zieh hier mal bloß nicht die große Show ab, Mattes!“

Mattes schrie wütend etwas in das höhnische Gelächter der anderen hinein und ballte sogar die Fäuste. Lena verstand nur ein Wort: „Babykram!“

„Da hast du’s, Lena!“ Annette feixte fröhlich. „Der Mattes hat Recht. Ich hab’s ja gerade auch gesagt: Babykram. Und für mich kommt die Anfänger-AG auch nicht in Frage. Und dass ich ein richtiges Turnierpferd habe, das willst du ja wohl nicht abstreiten, oder? Odin ist alles andere als ein Pony.“

„Wer angibt, hat mehr vom Leben“, antwortete Lena kühl. Nein, sie wollte das alte Streitthema wirklich nicht schon wieder aufwärmen. Annette und sie hatten nun einmal verschiedene Ansichten über das Reiten und über den Umgang mit Tieren. Leistungssport, Turniere be-

streiten, Siegerschleifen erringen, immer größere Höhen springen: So sah Annette die Sache, und sie war – das musste Lena zugeben – eine gute und begabte Reiterin. Im Reit- und Fahrverein von Temming gehörte sie ganz gewiss mit Abstand zu den ehrgeizigsten und trainingsfleißigsten Nachwuchsreiterinnen. Lena wusste auch, dass die Freundin ihren Odin liebte und ihn, zumindest bewusst, niemals quälte. Doch sie setzte einfach voraus, dass ihr Pferd den gleichen Spaß am Hindernisspringen hatte wie sie selber und dass Tiere sich grundsätzlich dem Willen der Menschen unterzuordnen hatten. Immer wieder behauptete sie: „Das Pferd muss wissen, wer der Boss ist. Es will exakte Befehle haben, dann fühlt es sich wohl und hat Vertrauen."
Lena sah das anders. Sie mutete einem Pferd niemals etwas zu, was es von Natur aus nicht auch selber tun würde. Im Wildpferdgelände im Merfelder Bruch bei Dülmen hatte sie einmal einen Hengst beobachtet, der geradezu liebestoll war und unbedingt zu den Stuten auf der anderen Seite des Gatters wollte. Doch er galoppierte lieber einen Umweg von mindestens einem Kilometer, als dass er über den niedrigen Zaun sprang. Ihr Vater hatte es ihr erklärt: „Pferde sind Fluchttiere, keine Springtiere. Wer sie über Hindernisse zwingt, tut ihnen Gewalt an." Besonders entwürdigend fand Lena das Dressurreiten, bei dem die Pferde zu widernatürlichen Gangarten gezwungen wurden, nur damit der Reiter

oder die Reiterin hübsch angeben konnte und von den Punktrichtern hohe Noten einheimste.
Längst waren Lena und Annette sich einig: Ihre Freundschaft sollte nicht darunter leiden, dass sie unterschiedliche Meinungen zur Partnerschaft zwischen Mensch und Pferd vertraten. Und darum sollte es auch jetzt in der Aula nicht wieder zum Streit kommen.
Direktor Autenschulte beendete seine Ansprache. „Also, liebe Leute, dies sollte nur eine erste Information für euch alle sein. Wie wir demnächst mit der Arbeitsgemeinschaft Reiten und Voltigieren verfahren werden und wer von euch mitmachen darf, das wird in zwei, drei Monaten geklärt. Eine Unterrichtsbereicherung für unsere Schule und ein ganz neuer pädagogischer Akzent: So sehe ich das. Und jetzt begebt euch bitte ohne allzu großes Getöse in eure Klassen, denn der Ernst des Lebens beginnt!"
Johlend, klatschend und drängelnd verließen die jüngeren Schülerinnen und Schüler die Aula, die Leutchen aus der Oberstufe folgten langsam und lässig, aber allen sah man an, dass sie begeistert waren von der Neuigkeit, die sie eben erfahren hatten. Außerdem war auf diese Weise die erste Schulstunde ohne Anstrengungen elegant über die Runden gegangen.
Missis Spider drängte zur Eile, als Alexander, der ewige Trödler, endlich die Tür des Klassenraums hinter sich zugemacht hatte. „Wir haben bereits eine ganze Unter-

richtsstunde verloren. Ist euch klar, dass wir die Zeit aufholen müssen? Ich bitte um volle Konzentration."

Ioannis schien das aber nicht gehört zu haben. „Jetzt muss ich doch wieder neben der langweiligen Sarah sitzen", verkündete er lauthals. „Dabei hatte ich mich schon auf die beiden Pferde als neue Nebenmänner gefreut!"

„Bin ich hier im Kindergarten oder in der siebten Klasse?", fauchte Missis Spider. „Ioannis, muss ich dir eigenhändig dein großes Maul stopfen? Wir setzen unser Fragespiel fort. What do you know? Lena, who wrote Robinson Crusoe?"

„It was written by Daniel Defoe", antwortete Lena schnell. Sie war froh, dass sie als Erste an die Reihe gekommen war, denn nun würde sie vermutlich Ruhe haben bis zum Ende des Fragespiels und konnte ihre Gedanken wandern lassen. Sie nahm kaum wahr, wie die anderen auf Missis Spiders Fragen richtige oder falsche oder gar keine Antworten gaben, und blinzelte gegen die Strahlen der Frühlingssonne an, die an ihrer Nase kribbelten. Lena überlegte, ob Mattes Islackers Pony, das angeblich ein Turnierpferd war, wohl nach dem Robinson aus Daniel Defoes berühmtem Buch genannt worden war. Robinson: Ein schöner Name für ein Pony!

Sie dachte: Aber dass der Mattes so einen albernen Quatsch geredet hat! Gemein, Pferde mit Mofas und Mopeds zu vergleichen! Und dann die dämliche Frage:

Welchen Sinn soll denn unsere Arbeitsgemeinschaft mit so 'nem bisschen Reiten und Voltigieren haben? Einer, der selber ein Pony besitzt, sollte die Antwort doch wohl wissen. Lena dachte auch: Selbst wenn ich ihn zehnmal um seine tolle Mütze vom Indianermarkt in Albuquerque beneide – mit so einer Gurke wie dem Mattes will ich nichts zu tun haben.
Zu diesem Zeitpunkt konnte Lena ja noch nicht ahnen, dass sie schon sehr bald mit Mattes und seinem Pony Robinson und der Indianermütze eine Menge zu tun haben würde.

Ein merkwürdiger Gast

Der Schulbus schaukelte über ausgefahrene Wirtschaftswege zu den Haltestellen in den Bauernschaften. An diesem Mittag saß Frau Hulscher, der das Busunternehmen in Temming gehörte, selber am Steuer und ließ überlaut Melodien aus dem Musical „Hair“ aus den Lautsprechern dröhnen. Die meisten Kinder waren bereits in kleinen und größeren Grüppchen ausgestiegen, und nur Annette, Lena und die Jungen aus der Gärtnersiedlung mussten die Musikberieselung noch über sich ergehen lassen.

Schon bei der Abfahrt vor der Droste-Schule hatte Annette begonnen, Lena die Vorzüge des Fohlens zu schildern, das Tessa, die großrahmige, dunkelbraune Oldenburger Stute ihres Vaters, bald bekommen würde. Und nun, nach einer halben Stunde, schwärmte sie noch immer von dem Winzling, der erst in drei, vier Wochen das Licht der Welt erblicken würde. „Frag mich nicht, wie hoch die Deckgebühren waren, Lena! Aber mein Vater hat den besten Vererber weit und breit für Tessa ausgesucht. Godwind! Ich hoffe, der Name sagt dir was!“

„Logo!“, sagte Lena, obwohl sie den Namen dieses Hengstes noch nie gehört hatte. Sie schaute den Bussarden zu, die über dem Erlenwäldchen kreisten, und schwebte in Gedanken irgendwo zwischen den Wattewolken. Die plötzliche Wärme dieses Maitages hatte sie schläfrig gemacht, der Vormittag in der Schule war anstrengend gewesen, doch sie genoss die Helligkeit, die über der Landschaft lag.

„Wenn's ein Hengstfohlen wird, nennen wir's Godehard", erklärte Annette, „wenn es ein Pferdemädchen wird, kriegt es den Namen Godessa."

„Das sind sehr schöne Namen", sagte Lena, obwohl sie beide Namen reichlich altmodisch fand. Warum irgendwelche Silben aus dem Namen des Vererbers in den Namen der Fohlen vorkommen mussten, hatte sie niemals ganz verstanden, und es war ihr auch völlig gleichgültig. „Vielleicht werden es ja Zwillinge."

„Tüttelkram!" Annette lachte laut. „Als ob der Tierarzt uns das nicht schon gesagt hätte! Du hast mal wieder null Ahnung. Auf jeden Fall wird das Fohlen ein erstklassiges Springpferd, das ist von der Erbanlage her sozusagen programmiert."

„Ha! Ich wette, das Fohlen spielt euch einen Streich und springt nicht einmal über ein Mauseloch!" Lena streckte der Freundin die Zunge raus. „Als ob man so etwas programmieren könnte!"

Die Kabbelei wurde bereits im Keim erstickt, denn Frau Hulscher rief über die Lautsprecher: „Annette! Lena! Soll ich anhalten und euch rausschmeißen?"

Eigentlich hätte sie sich die Drohung sparen können, denn bis zum Gutshof von Schulze-Gehling waren es ohnehin nur noch hundert Meter. Die vier Jungen von der Gärtnersiedlung riefen die üblichen blöden Sprüche, als die Mädchen ausstiegen.

„Willst du dir Tessa mal anschauen?“, fragte Annette.

„Lieber später mal“, sagte Lena. „Ich rufe dich an. Vielleicht können wir dann verabreden, ob wir die Hausarbeiten zusammen machen oder nicht. Okay? Jetzt bin ich erst mal saumüde.“

Lena holte ihr Fahrrad. Annettes Mutter winkte von der Haustür her. Im Zwinger tobte und bellte der Münsterländer, der es nicht verstehen konnte, dass ein so wachsamer Hund wie er eingesperrt wurde. Lena tat der Hund Leid.

Sie rief Frau Schulze-Gehling einen Gruß zu, klatschte zum Abschied gegen Annettes Hand und radelte heimwärts. Ein ekliger Geruch lag in der Luft. Lena erkannte auch gleich, woher er stammte. In der Ferne knurrte ein Trecker über eine ausgedehnte Ackerfläche und zog eine Plastiktonne hinter sich her, die hatte metallene Ausleger wie Flugzeugtragflächen, aus deren Düsen irgendein Gift versprüht wurde. Pflanzenschutzmittel: So nannten die Bauern diese Substanzen, und das hörte sich ja auch sehr schön an. Lena wusste aber, dass solche Pestizide zwar den Pflanzenwuchs förderten und das so genannte Unkraut vernichteten, für das Grundwasser und für das

Trinkwasser und also für die Menschen jedoch ungemein gefährlich waren. Doch darüber machten sich die meisten Bauern offenbar keine Gedanken. Hauptsache, das Teufelszeug nützte dem Umsatz!

Um den widerlich süßen Gestank nicht allzu sehr in die Nase zu bekommen, presste Lena sich das Taschentuch vors Gesicht und radelte, rasch den Feldweg entlang dem Pferdehof zu. Lerchen schwirrten hoch über den Wiesen und tirilierten so angestrengt, als müssten sie einen Wettbewerb austragen. Die hölzernen Pferdeköpfe am Hausgiebel schienen zur Begrüßung fröhlich zu wiehern, als Lena in den Kiesweg einbog. Sie drehte eine Ehrenrunde um das Rhododendron-Rondell und dann flog die Haustür auf. Ronja, die große Wuschelhündin, kam in gewaltigen Sätzen gesprungen, stieß ein markerschütterndes Freudengejaule aus und warf Lena fast vom Fahrrad.

„Ronja, du Biest!“ Lena umarmte lachend das stürmische Zotteltier und ließ das zärtliche Gelecke und Geschmatze über sich ergehen. Vergeblich versuchte sie, ihre Ohren vor Ronjas Zunge zu schützen. Als ob Lena monatelang verreist gewesen sei, so stellte Ronja sich jeden Mittag an.

Dann kam Pitt aus dem Haus geeilt. Er stolperte beinahe über die knallrote Schürze, die er sich vorgebunden hatte, und schwenkte einen hölzernen Kochlöffel wie ein Zepter.

„Weißt du, was es zu Mittag gibt?“, schrie er voll Eifer.

„Eingelegte Rattenschwänze mit Mäusekötteln und Giraffenspucke“, antwortete Lena und schaffte es endlich, das Begrüßungsgeschmuse der Wuschelhündin mit einer normalen Streicheleinheit ausklingen zu lassen.
„Ohne Quatsch, Lena!“, rief Pitt. „Du sollst richtig raten.“
„Gemüsesuppe? Eierpfannkuchen?“
„Ha, beides falsch!“ Pitt triumphierte. „Du darfst noch einmal raten. Es fängt mit Sch an.“
„Schinkenröllchen?“ fragte Lena.
Pitt klopfte mit dem Löffel auf das Geländer der Treppe und hatte seinen Spaß. „Daneben getippt! Es gibt Spargel!“
Lena hielt sich die Augen zu und stöhnte: „Pitt, in jeder Schulklasse gibt es einen Trottel. Aber du bist der Obertrottel der gesamten Grundschule von Uhlendorf. Weißt du, wie das Wort Spargel geschrieben wird?“
„Ich weiß alles“, erklärte Pitt. Und dann lenkte er schnell vom Thema ab und stellte die nächste Frage. „Jetzt musst du raten, wer den Spargel kocht!“
Lena hob ihr Fahrrad auf. „Wahrscheinlich ein Spargelkochspezialist“, sagte sie.
„Genau!“, jubelte Pitt. „Die Kandidatin bekommt zehn Punkte. Und jetzt muss der Spezialist schnell in die Küche zurück, damit der Spargel nicht zu wabbelig wird. Schinken und Buttersoße gibt’s übrigens auch.“ Er sauste ins Haus und Ronja begleitete ihn hechelnd.

„Ihr seid zwei komische Clowns!“, rief Lena den beiden nach. Dann schob sie ihr Fahrrad in die Scheune. Sie lauschte, ob aus dem kleinen Nest im Gebälk, wo die Rotschwänzchen brüteten, schon Gepiepse zu hören war, doch der Nachwuchs ließ sich wohl noch Zeit mit dem Schlüpfen.

Lena warf die Schultasche ins Gras vor der Scheune und eilte zur Hauskoppel. Tewes hatte einige Gatter so gestellt, dass die Pferde nach Belieben von der Weide in den geräumigen Stall wechseln konnten. In der Mittagswärme und bei starkem Regen trotteten sie gern in ihre Behausung.

Benno und Motte, die beiden Haflinger, unterbrachen das Grasen und gaben mit heftigem Nicken zu verstehen, dass sie Lenas Kommen wahrnahmen. Ihre langen weißen Mähnen stellten sich im leichten Wind auf. Mux, inzwischen zu einem strammen Fohlen mit Halbstarkenallüren herangewachsen, trabte heran, um sich wie üblich einen Apfelschnitz bei Lena abzuholen. Der Ziegenbock Xerxes lag im Schatten unter einem Haselbusch und ließ sich beim Wiederkäuen nicht weiter stören.

Sturmwind, das bunte Pony mit den kurzen Beinen, kräuselte die Lippen und stieß einen seltsamen Pfeifton aus. Wiehern konnte der kleine Pummel nämlich nicht.

Lena turnte über das Gatter und rief Rajas Namen. Sie wusste, dass Raja sich häufig allein im Stall aufhielt. Tatsächlich kam die alte Stute mit tastenden Schritten zur Stalltür und lächelte Lena mit ihren wunderbaren Augen an. Natürlich wusste nur Lena, dass Raja lächeln konnte, und sie verriet es niemandem. „Raja, meine gute Raja!“, flüsterte Lena. Sie drückte das Gesicht an den Hals des alten Pferdes und atmete minutenlang gemeinsam mit dem Tier, das ihr so nah war. Sie strich mit den Händen sanft über das raue braune Fell und hauchte dann ihren Atem in die Nüstern der Stute.

Raja stand unbeweglich und schien zu träumen. Vielleicht genoss sie Lenas zärtliches Flüstern, vielleicht zogen durch ihren Kopf Bilder der Erinnerung an die alten Zeiten auf dem Pferdehof, als es hier starke Bauernpferde in Massen gegeben hatte. Lena hatte sich oft gefragt, ob Pferde wohl so etwas wie eine genaue Erinnerung haben; die Äußerungen von Tewes, Annettes Vater und dem Tierarzt waren widersprüchlich gewesen. In einem Sachbuch hatte Lena diesen Satz gelesen: Tiere haben im Gegensatz zum Menschen kein Bewusstsein. Was das zu bedeuten hatte, ahnte sie allenfalls, doch sie hielt es für falsch. Was wussten die Menschen schon von den Tieren!

„Aber wir verstehen uns, meine schöne Freundin“, flüsterte Lena, „wir verstehen uns genau. Hab ich Recht? Bis später, Raja!“ Lena drückte der Stute einen Kuss auf die Nase und verließ den Stall. Vor der Scheune hob sie die Schultasche auf und lief ins Haus.

Ihre Mutter saß in hellen Shorts und Kimono vor ihrem

Schreibcomputer. Sie fuhr mit dem Drehstuhl herum, als Lena in ihr Arbeitszimmer hüpfte. „Hallo, Lenamädchen! Hast du die Schule heil überstanden?"

„Hallo, Hanna!" Lena hockte sich auf Hannas Schoß. „Stell dir vor, an unserer Schule wird's demnächst eine Arbeitsgemeinschaft geben, wo man reiten und voltigieren kann. So ganz ohne Leistungsdruck und Zensuren und solchen Quark. Einfach nur, damit man Freude hat an Pferden und an ihren Bewegungen. Und dass man mit dem eigenen Körper Harmonie herstellt mit den Körpern der Pferde. So ähnlich jedenfalls hat's der Direx erklärt. Zwei Pferde werden für unsere Schule angeschafft. Ist das nicht astrein?"

Hanna fuhr mit den Fingern durch Lenas langes Haar. „Finde ich stark, die Idee! Siehst du, Schule ist doch nicht ganz so beknackt, wie du immer behauptest. Und jetzt rutsch mal wieder von meinen Knien runter! Du bist mir zu schwer."

Lena fragte: „Was ist das, was du da übersetzt?"

„Eine ziemlich spukige Geschichte. Klara ach Skallbergsvargarna. Die Autorin heißt Margit Geijer."

„Wie heißt das denn auf Deutsch?", wollte Lena wissen. „Ich kann doch kein Schwedisch. Klara..."

„Klara und die Wölfe vom Schädelberg. Ich drucke gleich die ersten Kapitel aus, dann kannst du's ja mal lesen, wenn du willst. Warst du schon bei Raja?"

„Klar!" Lena breitete die Arme aus. Als ob sich das

nicht von selbst verstände! „Du, Hanna, die ganze Gegend stinkt mal wieder wie 'ne Chemiefabrik. Die Bauern schlagen mit der ganz großen Giftspritze zu."
Hanna nickte. „Es ist zum Kotzen. Aber wenn man sich beschwert, kriegt man vom Ordnungsamt immer nur die gleiche alberne Auskunft: Die Grenzwerte seien nicht überschritten. Wird höchste Zeit, dass wir mal wieder die Kreisbehörde einschalten. Es gibt halt Leute, die haben bloß ihren Profit im Sinn. Was mal aus ihren eigenen Kindern wird, das scheint ihnen piepegal zu sein."
„Und an die Gesundheit der anderen Menschen und der Tiere denken sie auch nicht, diese Armleuchter", knurrte Lena.
Hanna zuckte mit den Schultern. „Das sind die Schattenseiten des Lebens auf dem Lande. Man sollte sich da bloß keine falschen Vorstellungen machen." Sie stand vom Stuhl auf. „Ich glaube, wir sollten mal nach unserem Chefkoch schauen. Es ist so verdächtig still in der Küche."
Aber Hanna und Lena hatten noch nicht die Wohnhalle erreicht, da erscholl ein triumphierender Schrei, begleitet von aufgeregtem Gebell. „Das Superessen ist fertig! Kommt schnell!"
Pitt trug noch immer die rote Schürze, und rot war auch sein Gesicht – von der Hitze des Wasserdampfes und vom Stolz auf die eigene Meisterleistung. Er hatte den gusseisernen Topf mit den Spargelstangen auf den run-

den Tisch in der Küche gewuchtet. Teller und Bestecke lagen ziemlich ungeordnet herum. Die zerlassene Butter zischelte in einem Pfännchen, und die Schinkenscheiben waren auf ein Keramiktablett zu einem wirren Haufen getürmt. Mit dem Schaumlöffel hatte Pitt sich schon große Spargelmengen auf seinen Teller geschaufelt; Butter und Schinken hatte er natürlich auch reichlich eingefahren, und nun wartete er darauf, dass Hanna und Lena in Lobeshymnen ausbrächen.

Hanna tat ihm den Gefallen, nachdem sie sich einen Teller und ein Besteck und eine Serviette an ihrem Platz zurechtgelegt hatte. „Welch ein Koch!“ Sie bediente sich und schnupperte dabei genüsslich. „Es ist wirklich eine köstliche Mahlzeit!“

„Sag du auch was!“, forderte Pitt von Lena.

„Also, so gut kann es nicht einmal der Koch der Fußballnationalmannschaft“, erklärte Lena und hatte Mühe, nicht herauszuplatzen vor Lachen.

„Das wollte ich hören!“, rief Pitt selig. Dann legte er los. Die Gabel nahm er nicht einmal in die Hand. Er saugte die Spargelstücke und die Schinkenscheiben wie ein Staubsauger einfach vom Teller in sich hinein und schlürfte dazu die Buttersoße.

Hanna schaute Lena an, Lena schaute Hanna an. Solch einen Fresser gab es kein zweites Mal unter der Sonne, da waren sie sich einig. Die Wuschelhündin jaulte empört, weil Pitt ihr nicht wie sonst ihren Anteil zu-

reichte. Lena war sich sicher, dass ihr Bruder eines Tages platzen würde.
Als sie die Mahlzeit gerade beendet hatten und sich den Espresso für Hanna und Lena und den Kakao für Pitt aufbrühen wollten, klingelte das Telefon. Annette rief an.
„Hör zu, Lena, wegen der Hausarbeiten ..."
„Kommst du zu mir, oder soll ich zu dir kommen?", unterbrach Lena die Freundin.
Annettes Kichern hörte sich unsicher an. „Weißt du, da gibt es ein Problem. Ich hatte ganz vergessen, dass wir heute Nachmittag in Temming ein Training haben. Das Mannschaftsspringen in Coesfeld, du, das ist doch schon am Sonntag! Und weil wir unbedingt gewinnen wollen, müssen wir heute noch mal gehörig ran, der Odin und ich und die anderen von der Mannschaft. Tut mir Leid, Lena!"
„Geschenkt!", sagte Lena. „Ich hab auch was Wichtiges vor. Jede macht also ihren Kram allein. Wir treffen uns dann morgen am Schulbus. Und brich dir nicht die Ohren ab bei eurem tollen Training!" Lena knallte den Hörer auf die Gabel. „Bescheuerte Springturniere!", murmelte sie. Und sie dachte: Ich habe wirklich etwas Wichtiges vor, ich reite mit Raja durch die Wiesen.
Frischer Wind wehte von Nordosten und kämmte Wiesen und Felder. Die Stute schritt ruhig den Grasweg hinunter zum Bach. Lena ritt ohne Sattel, sie hatte nur

die Filzdecke aufgelegt. Und für Raja reichte die leichte, gebisslose Zäumung, die Tewes eigens angefertigt hatte, denn die alte Stute und ihre junge Reiterin verstanden sich wie von selbst. Da genügte ein Zeichen oder ein kleiner Zuruf.

Lena schaute sich um. Oben vom Hügel aus war der Pferdehof mit den gewaltigen Ulmenbäumen an der Nordseite schon wie zu Kinderspielzeug geschrumpft. Je weiter die Reiterin sich entfernte und ins Grasland eintauchte, umso intensiver stellte sich die Vorstellung von endloser Prärie und endlosen Büffelherden am Horizont ein. Lena liebte diesen Tagtraum.

Dabei wusste sie nur zu gut, dass diese Uferwiese nicht endlos war, sondern nur bis zum Kamm vor Gronerdingers Busch reichte. Und die jungen Bullen, die auf den eingezäunten Weiden einen kurzen und nur scheinbar unbeschwerten Sommer verleben würden, weil sie danach in die Schlachthäuser transportiert wurden, bildeten auch keine endlosen Herden bis zum Horizont. Doch Lena schaffte es immer wieder, sich für Augenblicke die schönen Bilder einer heilen Natur vorzugaukeln. Hier unten am Bach leuchteten Schafgarbe und Wiesenschaumkraut, Löwenzahn und Aronstab zwischen Gräsern und Ufergebüsch. Das Grün der Felder und der Viehweiden wirkte beinahe leblos, denn die Landwirte hatten Herbizide in Unmassen versprüht, damit keine Blume und kein farbiges Kräutchen ein bisschen Lebens-

kraft aus den Nutzflächen saugten. Grüne Flächen wie aus Plastik: So empfand Lena das.
Junge Fasane wetzten vor der Reiterin und ihrem Pferd davon, ein Eichelhäher schimpfte kreischend aus dem Erlengehölz und alarmierte die Frösche und die Bachstelzen, die Haselmäuse und die Wasserhühnchen. Am graublauen Himmel zogen die Bussarde ihre Kreise.
„He, ihr Tiere!“, rief Lena. „Vor Raja und mir braucht ihr keine Angst zu haben! Wir sind doch eure Freunde!“
Da kreischte der Häher nur noch aufgeregter.
Von Süden her näherte Lena sich eine Stunde später wieder dem Pferdehof. Raja ließ gemütlich den Kopf hängen und döste ein wenig beim Laufen. Lena lenkte die Stute am Zaun des Bauerngartens entlang, wo die Ginsterbüsche mit ihren goldenen Blüten protzten. Eine schönere Art der Heimkehr konnte Lena sich nicht vorstellen.
Da sah sie plötzlich den Hampelmann, der um den Stamm der Birke tanzte und dazu schrille Töne ausstieß. Der Hampelmann war Pitt. Er rief aufgeregt: „Lena, ich warte schon so lange auf dich! Du, ich weiß eine wahnsinnig spannende Neuigkeit! Rate mal, wen Gregor gleich mit nach Hause bringt!“
„Michael Jackson“, sagte Lena. „Oder ist es der Papst?“
Pitt hielt die Stute am Zügel fest und starrte Lena mit einem Blick an, den er vielleicht in einem Horrorfilm gesehen hatte. Geheimnisvoll flüsterte er: „Einen Knacki! Gregor bringt einen Knacki mit nach Hause. Kann gut

sein, dass es ein Mörder ist.“ Pitt zog sein Allzweckmesser aus der Hosentasche. „Hier! Ich bin auf alles vorbereitet.“

„Oh Pitt, du Häuptling aller Spinner!“ Lena lachte und glitt von Rajas Rücken. „Was für einen Müll du dir immer ausdenkst!“

„Das ist nicht ausgedacht, das ist die reine Wahrheit! Los, frag Hanna!“ Pitt nahm Lena die Zügel aus der Hand. „Lass mich Raja zum Stall bringen!“

Pitt wuchs mindestens einen halben Meter, als er die Stute zum Stall führte. Die Wuschelhündin, die im Schatten des Fliederbusches gelegen hatte, trottete hinterher. Aus dem Wohnhaus klangen die Schlussakkorde von Händels Sarabande. Als Lena die Tür öffnete, klappte Hanna gerade den Klavierdeckel zu.

„Der Pitt hat was von ’nem Knacki erzählt“, sagte Lena. „Was der immer so faselt! Bringt Gregor wirklich jemanden mit nach Hause?“

Hanna nickte. „Gregor hat vorhin vom Gericht angerufen. Da ist so ein Junge, vierzehn oder fünfzehn, der hatte wohl mit irgendeiner Bande zu tun. Eigentumsdelikte und so. Ich hab das nicht ganz mitbekommen, was Gregor am Telefon sagte, weil Pitt und Ronja die üblichen Ringkämpfe veranstaltet haben. Jedenfalls hat man der Mutter des Jungen das Sorgerecht entzogen, und er soll nach Saarbrücken in ein Wohnheim. Aber die beiden Männer vom Saarbrücker Jugendamt, die ihn abholen wollten, die haben auf der Autobahn ihren Wagen zu Schrott gefahren, und jetzt können sie erst morgen kommen. Gregor will den Jungen aber für diese Nacht nicht extra in ein Heim einweisen."

„Ich verstehe schon", sagte Lena. „Der Herr Jugendrichter nimmt den Typ also mit nach Hause. Na, mir soll's egal sein." Doch Lena war das ganz und gar nicht egal. Eine unerklärliche Unruhe stellte sich immer bei ihr ein, wenn Menschen, die nicht zur Familie gehörten, bei ihnen übernachteten, selbst wenn es sich um Freunde oder gute Bekannte handelte. Und nun brachte Gregor einen wildfremden Jungen mit!

Wusste Hanna von Lenas Scheu? Sie tröstete: „Es ist ja nur für eine Nacht. Bestimmt ist es ein netter Junge."

Nein, nett fand Lena den Jungen wirklich nicht, der am späten Nachmittag mit Gregor aus dem Vectra stieg und verschlossen und wie gelangweilt vor sich hin starrte!

Der Junge hatte ein schmales, beinahe dünnes Gesicht mit einem spöttischen Mund und eng stehenden grauen Augen. Das helle Haar, zu einer kurzen Bürste gestutzt, wirkte farblos. Er trug abgewetzte Jeans, Boxerstiefel und ein gelbes T-Shirt mit dem Aufdruck ZACK! in schwarzen Buchstaben. Auf der Segeltuchtasche, die er von der Rückbank das Wagens gehoben hatte, lag eine braune Lederjacke. Sein linker Unterarm war tätowiert. Lena erkannte die Umrisse eines Haifisches.

Pitt starrte den fremden Jungen hingerissen an. Ronjas

Rückenhaare hatten sich zu einem Kamm aufgestellt. Die Wuschelhündin knurrte leise. Der Junge warf ihr einen kurzen Blick zu, und da schien es, als huschte ein flüchtiges Lächeln über sein Gesicht.
„Das ist Lukas“, sagte Gregor. Dann stellte er dem Jungen die Familie Belker einschließlich ihres Hundes vor. „Falls du dich für weitere Tiere interessieren solltest, Lukas, dann werden Lena und Pitt sie dir bestimmt gern zeigen.“
„Aber erst nach dem Abendessen!“, erklärte Hanna. „Lukas wird hungrig sein. Komm mit uns ins Haus, Lukas!“
„Ich bin auch hungrig“, murmelte Pitt.
Lena betrachtete aufmerksam den merkwürdigen Gast.

Pythagoras ist kein Fußballspieler

Pitt war der Einzige, der unbeirrt und lustvoll das Abendessen genoss und Mengen von Bratkartoffeln, Spiegeleiern und Rettichsalat in sich hineinschaufelte. Hanna und Gregor sahen während des Essens besorgt zu dem fremden Jungen hinüber, der unsicher und gehemmt mit der Gabel herumstocherte, nur wenig aß, am Saftglas nippte, obwohl er Hunger und Durst zu haben schien. Lena starrte in ihr Glas, sie war in Gedanken mit Lukas beschäftigt und wollte auf keinen Fall etwas essen.

Lena dachte: Was er wohl wirklich angestellt hat? Warum musste er vor das Jugendgericht? Was hat das Wort Eigentumsdelikt genau zu bedeuten? Und wenn man seiner Mutter das Sorgerecht entzogen hat, heißt das dann, dass er in einem Heim aufgewachsen ist? Und hat sich sein Vater nie um ihn gekümmert?

„Magst du das nicht essen, Lukas?“, fragte Gregor. „Möchtest du lieber ein paar Butterbrote? Wurst, Käse und so?“

Es dauerte einen Augenblick, bis Lukas merkte, dass er angesprochen war. Er legte den Kopf schief und schien nachzudenken. Dann sagte er hastig: „Ist okay so. Wirklich.“ Und dann: „In dem Heim, wo ich zuletzt war, da

gab's abends immer Suppe und Käsebrote. Und Beruhigungstee mit Zitronengeschmack!" Er stieß einen kurzen Lacher aus und schwieg dann wieder.
Pitt fuchtelte mit der Gabel herum. „Gleich gibt es noch Eis mit Amarena-Kirschen!", versprach er Lukas. „Rote Grütze aus Walderdbeeren und Preiselbeeren und Himbeeren und Brombeeren ist auch noch im Kühlschrank. Und Götterspeise haben wir auch noch. Gelbe und grüne. In Essensfragen musst du dich immer an mich wenden. Ich bin hier der Spezialist. Ich kenne mich am besten aus."
Aber da kündigte sich lautstark ein zweiter Spezialist an. Das misstönende Gebimmel stammte von der Klingel eines Mountainbikes, und der Besitzer dieses Vehikels war Ioannis. Lena hatte keinen Zweifel, dass Ioannis einen sechsten Sinn für das Erschnuppern von Mahlzeiten hatte, und zwar über Kilometerentfernungen hinweg. Wie konnte es sonst möglich sein, dass er immer zu der Zeit von Uhlendorf hergeradelt kam, wenn bei den Belkers etwas Essbares auf dem Tisch stand?
Ioannis stürmte in die Küche, gab Ronja einen Begrüßungsklaps, langte sich einen Teller aus dem Wandschrank, nahm eine Gabel aus der Schublade und setzte sich an den Tisch. „Ich störe doch nicht?", fragte er und begann im gleichen Moment hastig zu futtern. Der Esswettkampf zwischen ihm und Pitt stand zur Zeit unentschieden. Den fremden Jungen nahm Ioannis zunächst

gar nicht wahr, weil er die letzten Spiegeleier vor Pitts raffendem Zugriff in Sicherheit bringen musste.
Hanna machte dann die beiden Jungen miteinander bekannt. „Ioannis, das ist Lukas“, erklärte sie dem kauenden Ioannis, der das mit eifrigem Nicken zur Kenntnis nahm. „Lukas ist bis morgen unser Gast.“ Sie zeigte auf Ioannis. „Ioannis geht zusammen mit Lena in die siebte Klasse. Er wohnt in Uhlendorf. Sein Vater ist der Elektrikermeister Katsanakis.“
„Ich bin auch schon so eine Art Elektrikermeister“, behauptete Ioannis mit vollem Mund.
„Ich auch!“, krähte Pitt, der Ioannis als Vorbild verehrte, obwohl dieser voller Übereifer bei fast allen seinen Aktionen Katastrophen verursachte. „Der ist mein Freund, der Ioannis!“
„Ausländer?“, fragte Lukas.
„Kein Ausländer!“, sagte Lena und wunderte sich selber über die Schärfe in ihrer Stimme. „Grieche. Ioannis ist Grieche.“
Lukas starrte Ioannis zwei, drei Atemzüge lang an. „Ich hab nichts gegen Ausländer“, sagte er dann. Es hörte sich an, als müsste er sich gegen einen Vorwurf wehren.
Seltsam, dachte Lena, dass Gregor und Hanna nichts antworten auf diese Bemerkung! Sie ahnte, dass da etwas war, was sie nicht wusste und vielleicht auch nicht wissen sollte.
„Ich hab Mathe nicht kapiert“, sagte Ioannis zu Lena.

„Kannst du's mir mal zeigen?"

Lena zog die Schultern hoch und spreizte die Finger. „Frag mich mal was Leichteres! Ich hab mit den Hausaufgaben noch gar nicht angefangen. Eigentlich wollte ich sie zusammen mit Annette machen, aber der ist plötzlich eingefallen, dass sie ihren Odin mal wieder über die Hindernisse jagen muss, weil am Sonntag ein Turnier ist. Geometrie – mein Albtraum."

Da blies Lukas auf einmal die Backen auf. Er setzte sich gerade, drückte die Hände auf die Tischplatte, und es sprudelte geradezu aus ihm heraus: „Mein Lieblingsfach! Ich meine, Geometrie, das ist mein Lieblingsfach. Echt! Da weiß ich alles. Pythagoras und so, also ..."

„Pythagoras?", unterbrach Ioannis. „Bei welchem Verein spielt denn der?"

„Was?", fragte Lukas verständnislos.

Hanna fing an zu kichern, Gregor brach in brüllendes Gelächter aus, nahm die Brille ab und raufte sich den Bart, und Ronja jaulte, weil sie das alles nicht verstand. Lena verstand es auch nicht. Sie schaute von einem zum anderen und fand es gar nicht komisch, dass der arme Ioannis ausgelacht wurde.

Den ließen diese Heiterkeitsausbrüche aber kalt. „Pythagoras – also, ich dachte, das wär ein griechischer Fußballspieler."

Gregor wischte sich die Lachtränen aus den Augenwinkeln. „Ein Grieche, ja, das war er. Fußball hat er aber vermutlich nicht gespielt. Hat sich mehr mit Philosophie und Mathematik beschäftigt. Außerdem ist er schon zweieinhalbtausend Jahre tot."

„Aber seine Lehrsätze!", rief Lukas fast aufgeregt. „Der hat wichtige Lehrsätze erfunden, der Pythagoras, weil der von Geometrie so richtig Ahnung hatte. Dass das Quadrat über der größten Seite des rechtwinkligen Dreiecks so groß ist wie die Quadrate über den beiden kleineren zusammen. Das Hypothenusenquadrat gleich der Summe der Kathetenquadrate – so heißt das."

Lena hielt sich die Ohren zu. „Hör auf! Wir haben gerade erst mit Geometrie angefangen. Ich verstehe kein Wort."

„Ich verstehe das alles aber ganz genau", behauptete Pitt. „Was soll denn daran so schwer sein? Hüppernusenkarate und so, das kenn ich alles."

„Sie sehen Pitt, den absoluten Meister in Hüppernusenkarate!" Ioannis klatschte in die Hände, dann stopfte er sich rasch das letzte Spiegelei in den Mund.

Lukas redete weiter, als spräche er zu sich selbst. „Ich will Mathematikwissenschaftler werden. Mindestens Professor. Dann verdiene ich unheimlich viel Geld und mache Erfindungen und solche Sachen, und Weltraumraketen baue ich auch. Bis zum Orion ... Bis zum Orion ..." Er brabbelte eine Weile vor sich hin, seine Stimme wurde leiser, und es schien, als sackte er ein wenig in sich zusammen.

Lena dachte: Als ob jemand das Licht ausgeknipst hätte in seinem Kopf!

Gregor sagte ernst: „Dann hoffe ich, dass du in Zukunft deine Chancen nützt, Lukas. Begabung allein reicht nicht aus. Man muss auch ernsthaft arbeiten." Gregor griff nach seiner Pfeife. Mehr wollte er anscheinend nicht sagen.

Lukas kraulte Ronjas Kopf und schaute nicht auf. „Die Tiere", fragte er leise, „kann ich jetzt mal die Tiere sehen?"

„Na klar!" Pitt sprang auf. „Ich führe dir Sturmwind vor, den allerwildesten Mustang des Wilden Westens, der fitscht wirklich wie ein Sturmwind über die Prärie. Und nur einer wagt es, dieses wilde Wildpferd zu reiten. Pitt Belker!" Und damit Lukas auch wirklich erfuhr, wer dieser Pitt Belker war, fügte er erklärend hinzu: „Das bin ich."

Lena fasste ihren Bruder bei den Ohren und schüttelte ihn. „Du sollst nicht so tierisch angeben, du komischer Cowboy."

Lukas folgte Lena, Ioannis und Pitt zur Hauskoppel. Die Wuschelhündin beschnüffelte den fremden Jungen noch immer. Anscheinend war sie noch nicht zu einem abschließenden Urteil über Lukas gekommen. Natürlich hatte Lukas auch verwirrend viele fremde Gerüche an sich.

Zuerst zeigte Pitt seine große Nummer. Er hockte auf

dem kleinen Sturmwind, streckte die Hände zur Seite und trieb das Pony mit Schnalzlauten und schrillen Zurufen zur Eile an. „Freihändig! Schaut her! Ich reite freihändig!“ Und als Sturmwind ein wenig zu trippeln begann, jubelte Pitt: „Na, ist das ein Tempo, Lukas? Was habe ich dir gesagt!“

Das bunt gescheckte Pony hörte dann einfach auf zu laufen und steckte die Nase ins Gras. Pitt stieg ab und half Ioannis, den Haflingerwallach Benno zu satteln. Lukas schaute aufmerksam zu.

Ioannis zeigte auf Xerxes, der im hintersten Winkel der Hauskoppel im Gras lag. „Der unheimlich starke Ziegenbock dort hinten, mit den teuflisch gefährlichen Hörnern, siehst du den?“

„Klar“, sagte Lukas. „Was ist mit dem?“

„Der gehört mir!“

Lukas stieß Lena mit dem Ellenbogen an. „Ich hätte auch gern ein eigenes Tier. Das würd mir mächtig Spaß machen, und ich würd auch verdammt gut dafür sorgen. Ich hab aber keins. Scheiße.“ Er flüsterte: „Ich habe noch nie auf einem Pferd gesessen. Ist das gefährlich? Ich glaube, ich hab Schiss.“ Lukas kicherte nervös.

Lena winkte ab. „Das ist nicht gefährlich. Kannst du mir glauben. Benno ist ein völlig unkompliziertes Pferd. Aber du musst dich ja nicht draufsetzen. Wenn du keine Lust hast …“

Laut und schroff fuhr Lukas dazwischen. „Ich kneife

nie! Das soll doch ’ne Mutprobe sein, was ihr mit mir vorhabt, das spüre ich doch ganz genau. Aber ich bin ein richtig harter Typ, das kannst du dir hinter die Ohren schreiben. Feiglinge kneifen, ich kneife nie. Bisher habe ich jede Mutprobe bestanden.“

„Wie kommst du darauf, dass das eine Mutprobe sein soll?“, rief Lena und kickte wütend einen Pferdeapfel gegen die Stallwand. „Wir satteln ein Pferd, und wer will, der darf ein bisschen herumreiten. Das ist alles.“ Sie dachte: Warum reagiert Lukas so aggressiv? Gehörte das zu der Hackordnung in seiner Bande, dass man dauernd Mutproben ablegte, um den anderen zu beweisen, dass man ein toller Hecht ist? So bescheuert können nur Jungen sein!

Lukas war mächtig in Fahrt und redete einfach drauflos. „Ich traue mir jedes Fahrzeug zu. Motorräder fahre ich blind. Schwere Kawasakis oder Hondas oder Yamahas: Mach ich alles mit dem kleinen Finger. Ich hab auch schon fast alle Arten von Autos gefahren. Auch dicke Laster mit Anhänger. Glaubt ihr mir etwa nicht?“

Ioannis und Lena gaben keine Antwort.

Pitt zwitscherte fröhlich: „Lastwagen fahren, das kann ich auch. Und wie!“

Lukas schaute Lena an. „Glaubst du mir nicht? Los, antworte!“

Lena hatte keine Lust, sich diese affigen Angebereien anzuhören. „Und wenn du Mondraketen steuern kannst!

Hier brauchst du nicht den strammen Max zu markieren. Möchtest du ein Stückchen reiten? Ja oder nein?"
Plötzlich merkte Lena, dass ihr Vater am Nebeneingang des Wohnhauses stand und aufmerksam zuschaute und zuhörte. Als ob er sich Sorgen macht, so wirkt er, dachte Lena. Sie kraulte die Wuschelhündin, die sich gegen ihre Beine drängte. „Ruhig, Benno!", rief sie dem Haflinger zu, der mit dem rechten Vorderhuf zu scharren begann und unwillig mit dem Schweif schlug. Das Herumstehen langweilte Benno. Lena kannte den Bewegungsdrang der Haflinger.
Dann geschah etwas Bemerkenswertes. Lukas näherte sich behutsam und Schmeichellaute flüsternd dem Pferd, das aufmerksam die Ohren aufstellte. Er nahm Ioannis die Zügel aus der Hand und setzte den linken Fuß in den Steigbügel. Er tastete nach dem Steigbügelriemen, legte die Hand auf die Sitzfläche des Sattels und stieg dann vorsichtig und geschmeidig zugleich auf. Benno tat einen tiefen Schnaufer und setzte sich von selbst langsam in Bewegung.
„Mein schönes, braves Pferd", flüsterte Lukas geradezu andächtig.
Lena war hingerissen von diesem Anblick. Sie suchte das Wort für den Ausdruck im Gesicht des fremden Jungen und fand es auch: glücklich. Ja, Lukas sah in diesen Minuten im wahrsten Sinne des Wortes glücklich aus. Heiter, unbeschwert, weltvergessen, doch vor allem glück-

lich saß der Junge im Sattel, nahm unbewusst den Rhythmus des Pferdes auf, das nun mit versammeltem Schritt die Hausweide diagonal querte und den Hainbuchen zustrebte. Lukas hielt zwar die Zügel fest in den Händen, doch er bewegte sie nicht. Es sah aus, als wüsste er nicht, was mit ihm geschah. So ritt er mitten in die Strahlen der Abendsonne hinein, als handelte es sich um das kitschige Ende eines Heimatfilms.

Lena, Ioannis und Pitt, die gebannt zugeschaut hatten, eilten nun dem Reiter nach. Mux hopste neben ihnen her. Lena nahm Benno beim Halfter und führte ihn in weitem Bogen zum Gatter bei der Stalltür zurück. Lukas ließ das einfach geschehen. Als der Haflinger still stand, war es so, als erwachte der Junge aus einem wunderbaren Traum. Er merkte es selbst und es war ihm peinlich. Er murmelte, während er ungeschickt abstieg: „Gar nicht mal schlecht, so ein Zosse." Dann tätschelte er Bennos Hinterbacke und wischte sich aus einem unerklärlichen Grund die Hände intensiv an seinen Jeans ab. Ioannis übernahm den Haflinger, weil er mit Pitt und seinem Sturmwind im Gefolge noch ein paar Ehrenrunden auf der Koppel reiten wollte. Gregor stand jetzt am Gatter und reinigte seine Pfeife.

„Soll ich dir ein bisschen den Pferdehof zeigen?", fragte Lena. Die Nähe des fremden Jungen empfand sie als beunruhigend und erregend zugleich. Dieses Gefühl war neu für sie. „Also, was ist?"

„Wenn du willst“, antwortete Lukas. „Schöne Gegend hier.“

„Ja, es ist schön hier. Wir sind aus der Stadt hergezogen, weil wir auf dem Lande leben wollen. Früher war dieser Pferdehof mal sehr berühmt. Von überall her kamen die Bauern zum Pferdekaufen. Wir können uns natürlich nur ein paar Tiere leisten.“

Lukas lachte meckernd. „Jetzt mach aber mal halblang! Wer sich solch einen Schuppen leisten kann, der muss ganz schön Knete haben. Einen reichen Vater muss man eben haben.“

Lena wollte sagen, dass ihre Eltern einen hohen Kredit aufnehmen mussten, um das Haus und die Nebengebäude zu bezahlen, und dass ihr Vater gewiss nicht reich sei, doch Lukas' Gelächter hatte sie so verstört, dass sie sich scheute zu antworten. Sie führte Lukas zum Bauerngarten, der Hannas großer Stolz war, zeigte ihm die alte Schmiede hinter der Stallung, die Schwalbennester in der Scheune und das Nest im Gebälk, wo die Rotschwänze brüteten. Sie ging mit Lukas zum Bach hinunter, wo die Mücken tanzten und die Frösche im Schilf quakten. Ronja lief mit, buddelte ein bisschen an den Wühlmaushügeln herum und verbellte die Amseln.

Plötzlich, als sie sich wieder dem Wohnhaus näherten, fasste Lukas Lena beim Arm. „Da oben! Siehst du?“ Er zeigte zum Dachfirst hinauf.

„Eine Taube. Na und?“

„Gibt's bei euch ein Luftgewehr oder sonst 'ne Knarre?" Lukas zappelte aufgeregt. „Die hol ich runter! Wollen wir wetten?"

Lena erschrak. „Hast du 'ne Macke? Du kannst doch nicht einfach auf ein Tier schießen! Die Taube hat dir nichts getan."

Lukas kniff ein Auge zu und zielte mit dem Zeigefinger zum Dach hinauf. „Auf Spatzen und Tauben und solches Gesocks darf man schießen. Davon gibt's sowieso zu viel. Tauben übertragen außerdem Krankheiten. Was ist, habt ihr 'ne Luftbüchse?"

„Nein", sagte Lena leise, „haben wir nicht. Wir schießen nicht auf Tiere. Wer nur so zum Spaß Leben vernichten will, der ist für mich ein Mörder." Lena schluckte. „Die Taube hat genauso ein Recht auf Leben wie du."

Lukas spuckte aus. „Hör sich einer das Mädchen an!" Er sah Lena direkt ins Gesicht. „Ich schätze, du musst noch 'ne Menge lernen. Das Leben ist nicht so, wie du denkst. Das ist nicht lieb und nett und so. Das ist beschissen! Hörst du? Beschissen!" Lukas rupfte ein Büschel Kuckucksnelken aus dem Wiesenhang und schleuderte es ins Gesträuch.

Lena biss sich so fest in die Unterlippe, dass es richtig schmerzte. Wie sollte sie das verstehen! War das der gleiche Junge, der vorhin so sanft mit dem Pferd umgegangen war und der jetzt die Taube erschießen wollte? Oder waren das verschiedene Jungen in derselben Haut?

Die Taube flog davon. Lena und Lukas redeten auf dem letzten Stück des Weges nicht miteinander. Ioannis half Hanna, den Stall zu reinigen und die Tiere zu versorgen. Gregor saß am Wohnzimmertisch und las in einer Akte. Pitt und Ronja hatten in der Küche zu tun. Wahrscheinlich suchten sie nach etwas Essbarem, weil sie kurz vor dem Verhungern waren.
Ein seltsamer Abend! Lena empfand ihn als bedrückend und ungemütlich. Sie lag auf dem Sofa und las im Licht der Stehlampe ein Indianermärchen, konnte sich aber nicht konzentrieren. Hanna arbeitete noch an ihrer Übersetzung. Pitt und Ronja hatten sich schon zum Schlafen nach oben verzogen. Gregor und Lukas schauten einen Fernsehfilm an, der von Arktisforschern handelte. Lukas lachte an manchen Stellen, an denen es eigentlich nichts zu lachen gab.
Ja, ein seltsamer Abend! Lukas schlief im Gästezimmer. Schlief er wirklich? Gregor ließ einen Spalt der Schlafzimmertür offen. Traute er dem fremden Jungen nicht? Er hatte den Schlüssel eingesteckt, nachdem er die Haustür abgeschlossen hatte.
Lena hatte das alles wahrgenommen. Sie lag auf ihrem Bett im Giebelzimmer, das ihr Wigwam war, hörte den Mäusen zu, die unter den Dachziegeln raschelten, und den Käuzchen, die in der Ferne weinten. Sie dachte über den fremden Jungen nach, doch sie bekam keine Ordnung in ihre Gedanken. Als ihr einfiel, dass sie die Haus-

arbeiten noch nicht gemacht hatte, stieg sie noch einmal aus dem Bett und stellte den Wecker auf fünf Uhr.
Aber Lena wurde schon eher aus ihrem unruhigen Schlaf gerissen. Es war noch pechschwarze Nacht. Da waren Geräusche unten im Hof. Dann hörte Lena Gregors wütende Stimme. Licht ging an im Haus. Ronja bellte. Schlaftrunken tapste Lena in die Wohnhalle hinunter.
„So ein Idiot!“, schimpfte Gregor. „Er hat sich mit dem Bettlaken aus dem Fenster abgeseilt. Der Dummkopf begreift nicht, dass er sich das Leben selber schwer macht. Jetzt irrt er durch die Gegend, bis er von der Polizei aufgegriffen wird und wieder vor dem Richter steht. Wie soll man so einem helfen!“ Gregor rieb seine Brille an der Pyjamajacke sauber. „Ich hätte ihn nicht mit hierher bringen sollen. Mein Fehler!“
„Unsinn“, widersprach Hanna. „Du hast es gut gemeint. Ob der Junge von hier ausbüxt oder von anderswo: Was macht da den Unterschied? In einen Käfig kann man ihn ja wohl nicht sperren. Der läuft nicht nur vor dem Heim davon, der flieht vor sich selber.“
„Bitte keine tiefenpsychologischen Vorträge zu dieser verfluchten Nachtzeit!“, maulte Gregor. „Ich muss die Polizei verständigen. Und die Leute vom Saarbrücker Jugendamt.“
„Die schlafen doch noch“, sagte Hanna und zog ihr Nachthemd am Hals zusammen, weil ihr kalt war. „Soll ich Kaffee machen?“

„Lass mich Kaffee kochen", bat Lena, „und Hausarbeiten muss ich auch noch machen. Geometrie! So ein Käse! Ich heiße nun mal nicht Pythagoras." Und als sie diesen Namen sagte, fing sie an zu weinen. „Der tut mir Leid, der Lukas."

„Mir auch", flüsterte Hanna Lena ins Ohr, „aber Gregor muss jetzt erst mal Dampf ablassen."

Und nun erschien Pitt oben an der Treppe. „Wieso lauft ihr denn schon alle im Haus rum?", fragte er weinerlich. „Es ist doch noch Nacht! Was ist denn passiert?"

„Lukas ist abgehauen", sagte Lena.

„Mit Lenas Fahrrad", sagte Hanna.

„Was?", schrie Lena. Jetzt war sie nicht nur traurig, jetzt war sie auch stinksauer. „Wenn ich den in die Finger kriege! Wie komme ich denn jetzt zum Schulbus?"

„Ich leihe dir meine Rollschuhe", verkündete Pitt.

„Du Komiker!", fauchte Lena.

Hanna fuhr Lena später mit dem alten Volvo-Lieferwagen zur Schulbushaltestelle bei Schulze-Gehlings Hof, bevor sie Pitt nach Uhlendorf zur Grundschule brachte. Annette wartete schon.

Lena spürte wieder einmal die Schmetterlinge im Bauch. Sie wusste, dass es nicht leicht sein würde, Annette die Geschichte von dem fremden Jungen richtig zu erzählen.

Lenas Fahrrad wurde später von einer Polizeistreife in einem Graben an der Dülmener Autobahnauffahrt gefunden.

Lena wundert sich

In der Fünfminutenpause zwischen der ersten und der zweiten Stunde geschah es. Lena schrieb gerade hastig bei Gabi die Ergebnisse der Erdkundeaufgaben ab, da stand plötzlich ein pummeliger Junge aus der fünften Klasse vor ihrem Platz.

„Bist du Lena Belker?“, fragte er. In der rechten Hand hielt er einen Zettel, mit der linken popelte er in seinen Nasenlöchern herum.

„Ja, bin ich. Warum?“

„Dann soll ich dir das hier geben.“ Er legte den Zettel auf Lenas Heft und hüpfte davon.

Erstaunt faltete Lena das Blatt auseinander, das offenbar aus einem Notenheft stammte. Sie las: *Komm bitte in der großen Pause unauffällig zum Gerätehäuschen hinter der Turnhalle. Es ist sehr, sehr wichtig! Mattes Islacker*

Lena starrte auf die Zeilen. Was hatte das zu bedeuten? Der hochnäsige Mattes wollte mit ihr sprechen? Und dann auch noch unauffällig? Lena dachte: Ob sich da ein paar Knilche aus der Achten einen Jux mit mir machen wollen? Oder ist das vielleicht wirklich etwas Wichtiges? Aber dass ausgerechnet der Mattes etwas von mir will! Sehr seltsam! Wieder einmal flatterten die Schmetterlinge in Lenas Bauch herum.

Annette kam in die Klasse und nagte an einem Apfel. Als sie Lenas verdutztes Gesicht sah, fragte sie: „He, Lena! Siehst du Gespenster?“

Joachim hockte kauend auf der Fensterbank. „Sie hat gerade einen Liebesbrief gekriegt!“ Er feixte. „So ’n dicker Fuzzi hat ihn überbracht. Ich hab alles gesehen.“

„Ehrlich?“ Annette machte große Augen. „Von wem ist der Brief? Los, zeig schon her!“

Lena knubbelte den Zettel zusammen und steckte ihn rasch in die Hosentasche. „Der Joachim hat ’ne Macke. Eine Nachricht von der Keramik-AG ist das, weiter nichts. Ein Junge aus der Fünften hat ihn mir gebracht. Von Frau Janning.“

Annette kniff für einen Augenblick zweifelnd die Lippen zusammen, dann biss sie in ihren Apfel. Lena beugte sich wieder über das Heft und schrieb hastig die letzten Sätze. Erdkunde gehörte zu ihren Lieblingsfächern. Dies war das erste Mal, dass sie die Hausaufgaben nicht gemacht hatte. Der Schulgong schepperte. Lena gab Gabi die Kladde zurück und bedankte sich. Lärmend strebten die Schülerinnen und Schüler zu ihren Plätzen. Der Funkturm erschien pünktlich zum Unterricht. Mit richtigem Namen hieß der Referendar zwar Linus Holding, doch wenn einer dünn und außerdem zwei Meter lang ist, muss er sich so einen Spitznamen gefallen lassen.

Sie sprachen über Gebirgsformationen und Höhenschichtlinien. Der Funkturm erklärte an einer vergrößerten Landkarte die Symbole und den Maßstab eines Messtischblattes und die Funktion des Kompasses. Das alles hätte Lena an jedem anderen Tag gefesselt, doch heute war sie unkonzentriert und gab auf einfache Fragen äußerst dürftige Antworten. Die Hausaufgaben wurden nicht kontrolliert.

„Hättest gar nicht abzuschreiben brauchen“, flüsterte Gabi.

Lena nickte nur. Natürlich dachte sie an die eigenartige Nachricht. Sie quälte sich mit der Frage, ob sie zu dem Treffpunkt hinter der Turnhalle gehen sollte oder nicht. Dann fasste sie einen Entschluss. Einerseits war da die Neugier, dass sie vielleicht etwas Spannendes erfahren würde, andererseits war da eine unerklärliche Erwartung, die sie nicht in Worte fassen konnte.

„Jeder zeichnet zur nächsten Stunde eine Fantasielandkarte, auf der alle Zeichen und Symbole des Messtischblatts vorkommen!“, rief Meister Funkturm in das allgemeine Gebrabbel hinein, als die Erdkundestunde zu Ende war.

Annette rief Lena zu: „Ich hole mir nur schnell ’ne Limo, dann setzen wir uns beim Basketballplatz in die Sonne, okay?“

„Ich komme nach“, antwortete Lena und schlüpfte auf dem Flur zwischen der wogenden Schülermenge durch zum Hinterausgang, der zu den Fahrradständern führte. Sie spürte ihren Herzschlag in den Ohren, als sie um die

Ecke der Turnhalle huschte: unauffällig, wie es in der Nachricht stand. „Dumme Ziege!“, flüsterte sie vor sich hin. „Mach dir doch nicht vor Aufregung in die Hose!“ Dann sah Lena die Indianermütze über der geschorenen Hainbuchenhecke beim Gerätehäuschen. Mattes wartete schon!

„Hallo“, sagte Lena und ärgerte sich über den Kloß im Hals.

„Toll, dass du gekommen bist!“ Mattes zog Lena ein Stück weiter zum Fußballfeld, auf dem jetzt in der Pause niemand zu sehen war. „Meine Freunde, verstehst du? Die sollen nicht merken, dass ich was mit dir bespreche. Und meine Schwester erst recht nicht. Die quatscht sowieso zu viel zu Hause.“

„Um was geht's denn eigentlich?“ Lena schaffte es nicht, Mattes ins Gesicht zu schauen.

„Um mein Pony!“

„Um was? Um dein Pony?“ Verwundert und auch ein wenig enttäuscht stieß Lena das hervor. „Was hat das denn mit mir zu tun?“

„Der Robinson – so heißt mein Pony, musst du dazu wissen …“

„Weiß ich doch. Ich hab's gestern in der Aula gehört, als du so dusseliges Zeug über die neue AG gelabert hast.“ Eigentlich wollte Lena das gar nicht so schroff sagen, es rutschte ihr einfach heraus. „Und was ist mit deinem Robinson?“

„Du, vergiss den Käse von gestern mal, ja?“, bat Mattes. „Ich hab ein riesiges Problem. Mein Vater will das Pony verkaufen.“

„Spinnt der?“ Lena verstand das nicht. „Robinson ist doch so richtig ausgebildet, oder? Ihr geht doch sogar auf Turniere, du und dein Pony. Oder hab ich das falsch verstanden?“

Mattes machte ein bekümmertes Gesicht. „Du hast das ganz richtig verstanden, Lena. Genau um die Turniere geht es. Ich bin in den letzten Monaten ziemlich gewachsen, aber Robinson ist leider nicht mitgewachsen. Mit Ponyturnieren spielt sich in Zukunft nichts mehr für mich ab. Das ist der Knackpunkt.“

Auf einmal fiel Lena wieder ein, was Leonie in der Aula gekreischt hatte: „Wenn du mit deinen langen Beinen auf deinem Pony hockst, siehst du aus wie ein Zirkusclown!“ Jetzt schaffte sie es, Mattes anzuschauen. „Also, Robinson ist zu klein für dich. Oder besser andersrum: Du bist zu lang für ihn geworden! Dass dein Vater ihn deswegen verhökern will, halte ich für eine ziemlich dicke Sauerei. So sehe ich das nun mal. Ich mache mir ja ohnehin nichts aus Hindernisspringen und diesem ganzen widernatürlichen Unsinn mit den Hürden und so. Aber erst ist das Pony gut genug, um mit dem Sohnemann Pokale zu erringen und Schleifen zu gewinnen, und der ehrgeizige Papa ist auch mächtig stolz, doch dann ist das Sportgerät nicht mehr passend und wird einfach ausgemustert. Mensch, Mattes, ein Tier ist doch keine Wegwerfware! Ich kann deinen Vater wirklich nicht verstehen." Lena hatte sich richtig in Fahrt geredet. Sie wischte sich mit einer heftigen Geste die Haare aus dem Gesicht.

Mattes sagte leise: „Du hast da was von dem ehrgeizigen Papa geredet. Das trifft's haargenau. Ich muss dir das alles etwas genauer erzählen, damit du mein Problem begreifst."

„Warum ist es dir wichtig, dass ich dein Problem begreife?"

„Weil du mir vielleicht helfen kannst!" Mattes fasste nach Lenas Arm. „Ich stehe völlig auf dem Schlauch! Das macht mich ganz fertig. Du musst mir glauben, dass ich meinen Robinson wirklich liebe …"

„Glaub ich dir ja", unterbrach Lena. Es war ihr peinlich, dass Mattes mit so belegter Stimme redete, als wär er kurz vor dem Losheulen.

Mattes schniefte. Dann gab er sich einen Ruck. „Mein ehrgeiziger Vater will ein Pferd für mich kaufen, damit ich ein guter Springreiter werde. Und das will ich auch: ein richtig guter Springreiter werden! Bestimmt kann man mich dann auch mal im Fernsehen bewundern."

„Toll." Lena kicherte spöttisch. „Wenn du auf Bewunderung geil bist, dann läuft doch alles prima …"

Mattes stampfte mit dem Fuß auf. „Du siehst das falsch, verdammt noch mal! Ich geb ja zu, dass ich gern ein großes Springpferd hätte und dass mir die Reiterei echt wichtig ist. Reitsport ist für mich richtig 'ne Droge."

Lena mochte solche modischen Redensarten nicht. Bergsteigen, Joggen, Skifahren, Reiten: Alles war auf einmal eine Droge. Sie sagte: „Kapiere ich das jetzt richtig? Weil du ein Pferd bekommen sollst, muss das Pony abgeschafft werden! Es ist nicht möglich, dass dein Vater für dich ein Pferd kauft und dass du Robinson trotzdem behältst?"

„Genau das ist die beschissene Lage. Meine Eltern haben eine Gärtnerei, die läuft ganz gut. Aber so dicke haben sie's auch wieder nicht, dass sie die Kosten für ein Pferd und ein Pony aufbringen könnten. Wir haben nämlich keinen eigenen Stall. Robinson ist bei einem Bauern untergebracht, und der verlangt ganz schön viel Knete für Futter und Unterkunft und Pflege. Wenn das Pferd angeschafft wird, muss Robinson weg."

Wie sich das anhörte! Lena war wütend bis unter die Haarspitzen. Wenn sie selber in so einer Situation steckte, würde ihr die Entscheidung nicht schwer fallen. Sie würde sagen: Schluss mit dem Turniersport! Wenn ich zu lang bin für mein Pony, dann höre ich eben auf. Aber eine Trennung von dem Tier, das ich liebe und das mir so vertraut ist und für das ich die Verantwortung trage, die kommt nie in Frage. Nie!

Lena dachte daran, dass die Pause bald zu Ende war. In der Aufregung vor diesem Treffen mit Mattes hatte sie

ihre Butterbrote in der Klasse vergessen. Außerdem wartete Annette auf sie. Und nun stand sie hier, hörte sich die Geschichte von Mattes' Schwierigkeiten an und wusste noch immer nicht, was das alles mit ihr zu tun hatte. „Na schön", sagte sie, „jetzt kenne ich dein Problem. Warum hast du ausgerechnet mir das erzählt?"
Mattes antwortete leise: „Du kennst bisher bloß die erste Hälfte von meinem Problem. Glaub bitte nicht, dass ich mich leichtfertig von Robinson trennen würde. Ich liebe mein Pony. Meine Mutter hat auch gemeint, dass wir dieses wunderbare Pony, das fast zur Familie gehört, nicht einfach weggeben dürften. Aber dann tauchte der Herr Hülsenbusch bei uns auf."
„Muss ich den kennen?", fragte Lena.
„Musst du nicht. Aber mein Vater kennt ihn. Vom Schützenverein."
„Schützenvereine sind doof", brummelte Lena. „Die erinnern mich immer an Gartenzwerge, die bescheuerten Schützenbrüder mit ihrer Ballerei und dem militärischen Schnickschnack."
Mattes winkte ab. „Geschenkt! Jedenfalls hat der Hülsenbusch meinem Alten einen Floh ins Ohr gesetzt. Er vermittele Pferde und Ponys an Einrichtungen mit sozialen und karitativen Zielen und so. Kinderheime, Rehabilitationszentren, Waisenhäuser, Behindertenzentren … So in der Richtung. Das hat er behauptet. Mein Vater ist voll drauf abgefahren."

„Hört sich doch ganz gut an“, sagte Lena. „Ich weiß, dass Pferde und Esel und Ponys gezielt bei der Behandlung verhaltensgestörter Menschen und vor allem bei geistig behinderten Kindern gebraucht werden. Das gehört zur Therapie. Da hab ich mal einen Film drüber gesehen.“

„Stimmt“, entgegnete Mattes. „Und für alle gestressten Menschen ist der Umgang mit Pferden garantiert heilsam und beruhigend.“

Da polterte Lena los: „Wenn du das alles weißt, warum hast du dich dann gestern in der Aula so blöd und aggressiv gegen die neue Arbeitsgemeinschaft gewehrt?“

„Pst, nicht so laut!“, mahnte Mattes. Dann lächelte er gequält. „Wahrscheinlich, weil ich das alles wusste und gleichzeitig an Robinson denken musste. Darum. Versteh doch! Das hörte sich wirklich gut an, was der Hülsenbusch bei uns zu Hause so abgesondert hat. Er kauft für einen ziemlich niedrigen Preis meinem Vater den Robinson ab und vermittelt ihn weiter an eine gute Sache. Da brauchen meine Eltern kein schlechtes Gewissen zu haben, dass sie das Pony hergeben. Da kann ich mich trösten, dass mein Robinson ja in gute Hände kommt. Okay! Aber jetzt kommt’s …“ Mattes schüttelte Lenas Schultern. „Ich traue diesem wohltätigen Pferdehändler Hülsenbusch nicht! Hörst du? Ich traue ihm nicht!“

„Was ist mit deinen Eltern?“, fragte Lena.

„Die glauben ihm jedes Wort. Weil sie’s einfach wollen.

Weil es sich so menschenfreundlich anhört. Aber ich weiß genau, der Kerl will uns linken. Der will nur billig an das Pony kommen."
„Warum?", wollte Lena wissen. Allmählich übertrug sich Mattes' Nervosität auch auf sie. Wenn da etwas nicht stimmte, musste man das aufklären. Entweder war dieser Herr Hülsenbusch wirklich so menschenfreundlich und tierfreundlich, oder er hatte einen Vorteil davon, dass er für billiges Geld das Pony erwarb.
„Ich weiß den Grund nicht", sagte Mattes, „noch nicht, jedenfalls. Ich weiß nur, dass ich Robinson vor ihm retten muss. Und du musst mir dabei helfen!"
Verwirrt platzte Lena heraus: „Wieso denn ausgerechnet ich? Wieso verstecken wir uns hier vor deinen Klassenkameraden und vor deiner Schwester? Ich kriege das alles nicht auf die Reihe."
Mattes schob sich die Indianermütze aus der Stirn. Er war ins Schwitzen gekommen. „Du wohnst auf dem Pferdehof, das weiß doch jeder. In eurem Stall ist eine Menge Platz, das weiß auch jeder. Wenn meine Freunde uns zusammen sehen, dann wissen sie doch später genau Bescheid. Und meine Tratschschwester erst mal! Die verrät das garantiert meinen Eltern, und dann fliegt die Sache sofort auf. Begreifst du das nicht?"
Doch, allmählich begriff Lena nun, was Mattes von ihr wollte. Es verschlug ihr den Atem. „Du meinst, wir sollen deinen Robinson bei uns unterstellen?"

„Das müsste doch möglich sein!" Jetzt wurde Mattes laut. Eindringlich und beinahe beschwörend redete er auf Lena ein. „Wir entführen ihn heimlich und bringen ihn zum Pferdehof. Dann kann mein Vater ihn nicht an den schrägen Hülsenbusch verkaufen. Du, das wär doch die Lösung!"

Lena hob die Hände wie zur Verteidigung. „Stellst du dir das nicht ein bisschen zu einfach vor? Wir machen uns doch strafbar! Weißt du, dass mein Vater Richter ist? Ich kann mir nicht vorstellen, dass er dieses Spielchen mitmacht." Lena erinnerte sich nur zu gut an die Szene, als damals zwei Polizisten auf dem Pferdehof erschienen waren, um nach Raja zu forschen. Sie konnte Gregor nicht noch einmal hinters Licht führen. Ohne sein Einverständnis konnten sie Robinson auf keinen Fall auf den Pferdehof bringen. Als das Pony Sturmwind auf den Hof kam, hatte Gregor schon deutlich genug zu verstehen gegeben, dass weitere Tiere nicht angeschafft werden dürften, weil das ja auch eine Frage des Geldes sei.

Hatte Mattes Lenas Gedanken erraten? „Ich würde jeden Tag kommen und mich um Robinson kümmern", sagte er.

„Das sind mindestens zehn Kilometer von Habichtsbeek bis zu uns", gab Lena zu bedenken.

„Na und? Ich hab ein Rennrad. Außerdem wäre es auch nur für kurze Zeit, das kannst du mir glauben. Wenn mein Pony erst einmal in Sicherheit ist, fällt mir schon ir-

gendetwas ein. Ich meine, so für dauernd." Mattes fasste nach Lenas Händen. „Sprich mit deinen Eltern!"
„Werde ich machen", sagte Lena, „aber ich sehe schwarz!"
Kaum hatte der Pausengong ausgescheppert, der zur dritten Stunde rief, da flog die Metalltür des Gerätehäuschens auf, und Sportlehrer Jeising erschien mit einem Netz voller Fußbälle. „Hallo, störe ich beim Liebesgeflüster?" Er lachte dröhnend.
Lena wurde rot vor Verlegenheit und vor Zorn. „Wir ... wir haben was zu besprechen", stammelte sie.
„Sprich mit deinen Eltern, bitte!", zischte Mattes ihr zu. „Und morgen treffen wir uns wieder, ja? Gleiche Zeit, gleiche Stelle." Und dann rannte er davon.
Als Lena in den Klassenraum kam, schnauzte Annette sie an: „Warum bist du nicht gekommen? Ich hab so auf dich gewartet. Oder hattest du etwa ein Liebesmeeting?"
Lena tippte sich an die Stirn. „Jetzt fang du auch noch an, du blöde Kuh!"
Der Vormittag zog sich zäh dahin. Lena war machtlos gegen das Geflatter der Schmetterlinge in ihrem Bauch. Auf der Heimfahrt im Schulbus quasselte sie ununterbrochen, um nicht zum Nachdenken zu kommen. Sie redete über die Schlagerstars der englischen TopTen, über Rhabarberrezepte und über die Maikäfer, die sich in diesem Jahr endlich wieder sehen ließen. Annette kam kaum zu Wort, und das war ungewöhnlich. Lena lieh

sich von den Schulze-Gehlings ein Fahrrad und radelte fast im Zeitraffertempo zum Pferdehof.

Pitt und Ronja balgten sich vor der Scheune. Hanna arbeitete im Garten. Sie legte den Karst aus der Hand, als sie Lena sah. Rotdorn, Goldregen und Flieder standen in voller Blüte. Die Veilchen, die im Schatten der Birken gewachsen waren, verströmten betörenden Duft. In den weißen und roten Kerzen der Kastanienbäume brummte das Heer der Hummeln.

„Tag zusammen!“, rief Lena.

Pitt und Ronja warfen ihr nicht einmal einen Blick zu.

Hanna setzte ein schiefes Lächeln auf. „Ach, Lenamädchen, die Wühlmäuse haben mal wieder voll zugeschlagen! Und die Kaninchen haben sämtliche Stockrosen ausgebuddelt! Wie war's in der Schule?“

„Ging so“, sagte Lena. „Klasse, wie die Lupinen getrieben haben!“

„Aber es muss unbedingt mal wieder regnen!“ Hanna schlüpfte aus den Gartenschuhen und wusch sich die Hände im Wassereimer.

„Und ich muss unbedingt mit dir reden“, sagte Lena.

„Was Ernstes?“, fragte Hanna.

Lena nickte. „Es ist jedenfalls ziemlich ernst.“

Da brüllte Pitt: „Wann gibt es denn endlich was zu essen?“

Tewes hat einen Verdacht

Hanna holte die Rohkostplatte aus dem kühlen Vorratsraum. Kohlrabi, Salate, Gurken, Zucchini, Möhren, Fenchel, Sellerie: Manches stammte aus dem eigenen Garten, anderes aus den Treibhäusern des Biobauern von Nottuln. Lena schnupperte an den Soßen und genoss den Geruch der Kräuter. Pitt nörgelte, dass man von solch einem Hasenfutter keine Kraft bekomme und dass durch Gemüse schlimme Krankheiten übertragen würden, Rinderpest und Maul- und Klauenseuche und Scharlach vor allem. In die Grünkernsuppe, die sie anschließend aßen, hatte er sich ein paar Würstchen geschnippelt. Ein Essen ohne Fleisch war für ihn kein richtiges Essen, und da er in Gregor einen Verbündeten hatte, predigten Hanna und Lena vergeblich gegen den übertriebenen Fleischgenuss an. Fleisch fressende Jungen wie Pitt trügen besonders viel Schuld an der Massentierhaltung, warf Lena ihrem Bruder immer wieder vor, doch Pitt hörte nicht auf sie.

Während Pitt und Ronja zu einem Rundgang um den Pferdehof unterwegs waren, saßen Hanna und Lena mit Kaffee und Keksen in Hannas Arbeitszimmer.

„Nun pack mal aus“, schlug Hanna vor.

„Es geht um ein Pony, für das wir dringend ein sicheres

Versteck brauchen“, begann Lena. „Das Pony heißt übrigens Robinson. Meinst du, wir könnten es für ein paar Tage in unserem Stall unterbringen?“

„Wir?“ Hanna legte den Kopf schief. „Wir brauchen dringend ein sicheres Versteck. Wen meinst du damit?“

„Den Mattes und mich. Mattes geht in die achte Klasse. Er reitet dieses Pony. Das heißt: Bisher ritt er es. Seine Beine sind zu lang geworden. Nun soll er ein großes Pferd bekommen, aber vorher will sein Vater das Pony verkaufen.“ Lena stopfte sich vier Kekse gleichzeitig in den Mund, um ein wenig Zeit zu gewinnen, denn sie musste die richtigen Worte finden, wenn sie ihre Mutter überzeugen wollte. „Aber jetzt kommt's! Der Mattes traut dem Pferdehändler Hülsenbusch nicht. An den will sein Vater den Robinson nämlich verkaufen, weil der Pferde und Ponys an Behindertenheime und Kinderkrankenhäuser und solche Einrichtungen preiswert vermittelt. Das hört sich gut an, aber ...“

Hanna unterbrach Lenas Redeschwall. „Aber am besten wäre es, wenn du mir die ganze Geschichte mal ganz langsam und der Reihe nach erzählen würdest. Einverstanden?“

Und Lena berichtete von ihrem Gespräch mit Mattes und ließ nichts aus. Natürlich erwähnte sie auch ihre Bedenken gegen den Verkauf eines Tieres, das doch eigentlich zur Familie gehörte, gab andererseits aber auch zu bedenken, dass Mattes ein begeisterter Pferdesportler sei

und dass der ehrgeizige Vater den Unterhalt für zwei Tiere kaum aufbringen könne.
Hanna hörte aufmerksam zu. Dann sagte sie: „Wenn Menschen oder Tiere in Not sind, dann muss man helfen. Das ist doch klar. Aber wenn der Junge wild aufs Reiten ist und wenn der ehrgeizige Vater sich in den Erfolgen seines Sohnemanns sonnen will, dann hat das mit einer Notlage so gut wie nichts zu tun. Ich halte das für ein Privatproblem. Lass dich da bloß nicht reinziehen, Lena! Und außerdem kannst du diesen Pferdehändler Hülsenbusch doch nicht als Gauner bezeichnen, nur weil Mattes Islacker einen zunächst durch nichts begründeten Verdacht hat und ihm nicht traut!“
„Jetzt redest du wie Gregor“, warf Lena der Mutter vor.
„Na und? Du musst doch auf dem Teppich bleiben. Willst du dich etwa strafbar machen und ein Pony klauen, nur weil der Mattes ein schlechtes Gewissen hat und darum die Flöhe husten hört? Wenn er solche Beschuldigungen gegen Hülsenbusch erhebt, muss er auch Beweise haben. Komm mir nur ja nicht auf die Schnapsidee, das Pony einfach zu uns auf den Hof zu bringen! Gregor würde das sowieso nicht dulden.“
„Und wenn wir's ihm einfach nicht sagen?“ Lena griff nach der Kaffeetasse. Ihre Hand zitterte ein wenig. Lena merkte selbst, dass ihre Begründung nicht ganz stichhaltig war. Trotzig sagte sie: „Sonst stehst du doch immer auf meiner Seite, Hanna!“

„Jetzt wirst du unfair!“ Hanna schnipste eine Fliege von ihrem Knie. „Sollte es sich zeigen, dass da wirklich etwas nicht astrein ist, dann sollten wir’s mit Gregor besprechen. Aber versuch das mal in deinen Kopf zu kriegen, Lena: Dies ist eine Angelegenheit der Familie Islacker. Da haben wir uns nicht einzumischen.“

„Ich mische mich aber ein“, beharrte Lena, „und ich glaube dem Mattes, wenn er sagt, dass man Hülsenbusch nicht trauen kann.“

Hanna lächelte. „Ist der Mattes nett?“

„Jetzt wirst du unfair!“, knurrte Lena. Sie stand auf und lief nach draußen. Mit Schwierigkeiten hatte sie gerechnet, und das hatte sie Mattes ja auch vorausgesagt, doch dass Hanna sich so ablehnend verhalten würde, das hatte sie nicht erwartet. Lena dachte: Raja wird mich verstehen, wenn ich ihr von Mattes’ Problem berichte! Doch dann kam Lena sich plötzlich kindisch vor. Zumindest ein bisschen trösten kann Raja mich aber, dachte sie.

Lena hatte das Gatter an der Hauskoppel noch nicht erreicht, als Tewes auf seinem Moped von der anderen Seite her über den Wiesenweg gefahren kam. Mit dem Schutzhelm über dem knubbeligen Körper sah er aus wie ein Waldschrat. Lena freute sich, dass Tewes ausgerechnet jetzt erschien. Vielleicht konnte er ein wenig frische Luft in ihre eingenebelten Gedanken pusten.

„Hallo, Lena!“, rief Tewes und spuckte ein Stück Kau-

tabak aus. Er stieg vom Moped und pellte sich aus dem Overall. „Alles gesund und munter auf dem Pferdehof?"
„Mehr oder weniger", antwortete Lena ausweichend.
Raja, Motte, Benno, Mux und Sturmwind trotteten herbei, um den alten Stallmeister zu begrüßen. Xerxes hielt sich wie üblich zurück und warf nur einen leicht gelangweilten Blick herüber. Tewes redete mit den Pferden und dem bunten Pony, tätschelte die Tiere auf seine raue Art und kümmerte sich dann um das Futter.
Das junge Gras war gut für die Pferde, doch Tewes achtete sorgfältig darauf, dass sie vielfältige Nahrung bekamen. Raufutter war für das Verdauungssystem und für das Gebiss immer wichtig, und so sorgte Tewes dafür, dass im Winter zu den Fertigfutter-Pellets auch Ballaststoffe wie Heu und Stroh gemischt wurden. Die Haflinger bekamen regelmäßig ihr Kraftfutter aus Hafer, Gerste oder Mais, weil sie Energie spendendes Eiweiß und Fett brauchten. Für die alte Raja war solch ein Zusatzfutter nicht gut, und Sturmwind vertrug Kraftfutter überhaupt nicht. Über das zusätzliche Saftfutter hatte Tewes Hanna und Lena genau informiert. Obst, Gemüse, Kartoffeln – das alles sollten die Pferde zwischendurch und nur in Maßen gefüttert bekommen. Und dass man Trockenschnitzel von Rüben nur gut eingeweicht in die Tröge schütten dürfe, weil sie sonst im Schlund aufquellen und die Luftröhre einengen und sogar zum Ersticken des Pferdes führen können, das hatte Tewes ihnen besonders

eingeschärft. Lena hatte sich das alles gut gemerkt, dennoch schaute sie immer wieder aufmerksam zu, wenn Tewes die Rationen zusammenstellte.

„Um die Hufe von Benno und Motte müssen wir uns auch gelegentlich mal kümmern", murmelte Tewes. „Die Straßenbeläge sind nicht gut für die Tiere. Fahrt ihr oft mit dem Planwagen?"

„Geht so", sagte Lena. „Hanna fährt unseren Pitt manchmal zur Schule. Das hat er gern, weil er dann vor den anderen Kindern 'ne Stange angeben kann!"

„Verstehe ich!" Tewes nickte wie in Gedanken. „Pferdefuhrwerke sind was Schönes. Wenn ich so an die Stinkeautos denke, na! Langweiliges Blechzeug! Du kannst schon mal anfangen, den Stall sauber zu machen, Lena. Die Entzündungen an Rajas Kruppe machen mir Sorgen. Weißt du, wo der Puder ist?"

„Die Dose steht auf der Fensterbank in der Futterkammer. Ich hol sie schon." Lena kletterte über das Gatter und verschwand im Stall.

Tewes prüfte das Gebiss des bunten Ponys.

Als Lena mit der Puderdose zurückkam, fragte sie. „Mit den Pferdehändlern hier in der Gegend kennen Sie sich doch aus, Herr Tewes, oder?"

„Sicher", sagte Tewes, „sind ja nicht mehr viele." Er schnitt sich mit dem Klappmesser einen neuen Priem vom Kautabak ab. „Die meisten Züchter verkaufen selber. Ist gut so für die Kunden." Er stieß ein rasselndes

Glucksen aus. „Da gab's manchmal schon den einen oder anderen Gauner unter den Pferdehändlern. Vor allem auf den Pferdemärkten. Richtige Rosstäuscher! Ha, den ollen Tewes hat keiner reingelegt. Und hier auf dem Pferdehof, also hier bei Mattes Jansen, hier ging's redlich zu. Wir hatten einen erstklassigen Ruf und erstklassige Pferde. Auf einen Handschlag konnte man sich damals noch verlassen." Tewes redete weiter von den alten Zeiten.

Lena hörte aber nicht mehr zu. Mattes Jansen! War es Zufall, dass der Junge mit der Indianermütze auch Mattes hieß? Vielleicht hatte der Name Mattes etwas mit Zuverlässigkeit zu tun. Oder war das wieder eine von Lenas Schnapsideen?

„Kennen Sie vielleicht einen Pferdehändler namens Hülsenbusch?", fragte sie und langte sich Besen und Schaufel vom Wandbord.

„Hülsenbusch?" Tewes blähte die Nasenflügel, als könnte das beim Nachdenken helfen. „Hülsenbusch? Nie gehört!"

„Mit Ponys handelt der auch", sagte Lena. „Jedenfalls kauft er welche und vermittelt sie weiter."

Tewes kratzte mit den Fingernägeln so heftig sein Kinn, dass die Bartstoppeln knisterten. „Was du nicht sagst! Das tun zurzeit viele Leute. Fragt sich nur, an wen sie die Ponys weitervermitteln." Sein Krächzen sollte vermutlich Lachen bedeuten.

Lena verstand diese Andeutung nicht. Was meinte Tewes damit? Raja war mit drei, vier Schritten neben Lena getreten und stützte den schweren Kopf auf Lenas Schulter. Die Haare kitzelten. Lena musste niesen. „Und an wen vermitteln sie die Ponys weiter?“

„An wen schon!“ Tewes drehte die Puderdose in seinen großen Händen. „An die Metzger. Pferdefleisch ist wieder in Mode.“

„Das ist doch nicht wahr!“, rief Lena entsetzt aus.

Tewes spuckte Tabaksaft aus. „Mädchen, warum sollte ich dir was vorschwindeln! Pferdemetzgereien hat's auch früher schon gegeben. In den Großstädten waren es vor allem die armen Leute, die sich billiges Pferdefleisch kauften. Die Fuhrmänner gaben die alten Gäule, die zu schwach waren zum Wagenziehen, für ein paar Mark an die Rossschlächter weiter. Heute ist das anders. Da gilt Pferdefleisch als Spezialität. Soll angeblich sehr mager sein, das Pferdefleisch, und einen ganz besonderen Geschmack haben!“ Er schüttelte den Kopf. „Ich hab noch kein Pferdefleisch gegessen, das kannst du mir glauben.“

Lena war empört. „Stimmt das wirklich, dass es Pferdemetzgereien gibt?“

Tewes nickte. „Geh mal auf die Wochenmärkte, Lena! Auf den meisten gibt's 'nen Extrastand, wo nur Pferdefleisch verkauft wird.“

„Das ist gemein!“ Lena fasste fest in Rajas Mähne. „Man darf doch Pferde nicht schlachten und aufessen!“

Sie schüttelte sich.
Da stellte Tewes die Puderdose auf den Balken der Box und strich mit seiner rauen Hand sanft über Lenas Gesicht. „Ich bin nur ein einfacher Mann. Klügere Leute können dir das bestimmt viel besser erklären. Aber ich denke, in der Natur ist das nun mal so, dass die einen Lebewesen sich vom Fleisch der anderen Lebewesen ernähren. Manche Menschen machen da ’ne Ausnahme. Sie essen das Fleisch von anderen Lebewesen grundsätzlich nicht. Hut ab! kann ich da nur sagen."
„Und Sie? Essen Sie Fleisch?"
Schämte der alte Mann sich? Plötzlich bildeten sich viele kleine Falten auf seiner Stirn. „Doch, ich esse Fleisch. So ein anständiges Schnitzel, also, das ist schon was."
„Aber Pferdefleisch essen Sie nicht", stellte Lena fest.
„Weil ich ein Pferdenarr bin, darum nicht", sagte Tewes. „Von allen Tieren sind Hunde und Pferde besonders gute Freunde der Menschen. Vielleicht, weil sie sich am leichtesten zähmen ließen. Was weiß ich! Aber sind sie deswegen wertvoller als Rinder und Schweine und Schafe?"
„Darüber hab ich noch nicht nachgedacht", sagte Lena leise.
„In Indien", fuhr Tewes fort, „sind Kühe heilig. Hab ich jedenfalls gehört. Da würde keiner ’ne Kuh schlachten. Und in einem Buch habe ich gelesen, dass die Azteken früher auf ihren langen Wanderungen ein Rudel Hunde mitnahmen, und wenn sie Hunger hatten, schlachteten

sie einen Hund. In Asien steht ja auch immer Hundefleisch auf der Speisekarte."

„Entsetzlich!", flüsterte Lena.

„Findest du es denn auch entsetzlich, dass Schweine und Bullen und Hühner geschlachtet werden?", fragte Tewes.

„Ich ... ich weiß nicht." Lena dachte einen Augenblick nach. „Doch", sagte sie dann. „Doch, das finde ich eigentlich auch entsetzlich. Hu, ist das kompliziert! Die Menschen sind schon verdammt merkwürdig. „

„Da sagst du was!" Tewes schnaufte und atmete mehrmals tief ein und aus. Es war nun mal nicht seine Art, lange Reden zu halten. Das strengte ihn an. Dann fiel ihm aber doch noch etwas ein. „In Italien braucht man besonders viel Pferdefleisch. Für die Salamiwurst nimmt man da Speck und Schweinefleisch und Eselfleisch. Weil's aber nicht genug Esel gibt, kaufen die Wurstfabriken auch Ponyfleisch auf."

Lena war auf einmal hellwach. „Meinen Sie, der Hülsenbusch, der wäre einer, der Ponys nach Italien verkauft?"

Tewes breitete die Arme aus. „Ich werde mich hüten, so etwas zu behaupten! Ich kenne den Mann ja gar nicht. Vielleicht tut er's, vielleicht tut er's nicht. Viele Lastwagenladungen mit Pferden und Ponys gehen jedenfalls in südliche Länder. Und für die Tiere sind solche Todesfahrten was ganz Schreckliches. Was die an Qualen leiden ..."

Lena unterbrach den alten Mann. „Ich weiß Bescheid. Annettes Bruder und seine Freunde haben mir davon erzählt. Dass Menschen so grausam sein können!“
Doch Tewes wollte anscheinend nicht weiterreden. Er schlurfte in die Futterkammer. „Morgen nehmen wir uns die Hufeisen der Haflinger vor!“, rief er.
Angefüllt mit Wut und Furcht machte Lena sich an die Reinigung des Stalles. Als Pitt gelaufen kam und fragte, ob er helfen solle, drückte Lena ihm die Mistforke und den Besen in die Hand und war erleichtert, dass sie zum Bach laufen konnte, um ein wenig Ordnung in ihre Gedanken zu bringen. Die Schmetterlinge im Bauch machten sich auch wieder bemerkbar. Lena dachte an Mattes und Robinson.
Am Abend rollte ein grüner VW-Bus vor das Haus. Zwei Polizisten brachten Lenas Fahrrad zurück, das bei der Dülmener Autobahnauffahrt gefunden worden war.
Und am Abend brachte Gregor die Nachricht mit, dass Lukas inzwischen in das Wohnheim in Saarbrücken gebracht worden sei. Eine Frau, die den Tramper Lukas in ihrem Fiat mitgenommen hatte, war mit ihm zur Autobahnpolizei gefahren, weil sie spürte, dass mit dem Jungen etwas nicht stimmte.
„Das hätte er sich ersparen können“, sagte Gregor.
„Nur gut, dass ihm nichts passiert ist“, meinte Hanna.
Lena widersprach. „Es ist ihm doch was passiert! Sie sperren ihn in ein Heim. Wenn ich kein Zuhause hätte,

ich glaube, ich würde auch immer wieder weglaufen."
Doch da sagte Pitt etwas, das Lena sehr nachdenklich machte. „In so 'nem Heim hat Lukas aber immerhin den Pythagoras kennen gelernt. Hüppernusenkarate und so."
Da musste Lena zwar lachen, doch sie begriff, dass ein Heim mit einer Schule vielleicht doch besser war als das Weglaufen.
Etwas später am Abend kam Annette auf ihrem Fuchs Odin geritten. Sie trug wie üblich die schwarze Reitkappe, die Reitjacke mit dem Schlitz am Rücken und eine weiße Reithose. Ihre Stiefel waren blitzblank geputzt, Knieschluss und Körperhaltung waren wie gewohnt perfekt. Obwohl Lena andere Ansichten vom Reiten vertrat, musste sie zugeben, dass die Reiterin und ihr Pferd einen wunderschönen Anblick boten.
„Gut, dass du kommst!", rief Lena.
„Was gibt's denn?", fragte Annette.
„Schwörst du absolutes Stillschweigen, wenn ich dir ein Geheimnis verrate?"
„Um was geht es denn?", wollte Annette wissen.
„Um Mattes. Was ist? Schwörst du?"
Annette blies die Backen auf. „Daher pfeift der Wind also! Ich hab doch geahnt, dass da was im Busch ist. Klar, ich schwöre."
„Gut", sagte Lena. „Bring den Odin auf die Koppel, oder binde ihn irgendwo an. Wir gehen in meinen Wigwam rauf. Es gibt ein Riesenproblem."

Rettet Robinson!

Mattes erschrak, als Lena am nächsten Tag in der großen Pause nicht allein zum Treffpunkt kam. „Jetzt hast du also doch gequatscht!“, fuhr er Lena wütend an.

Lena wehrte sich. „Halt mal die Luft an! Brauchst du Hilfe, oder brauche ich Hilfe? Dies ist meine Freundin Annette, und sie hat Stillschweigen geschworen. Du solltest froh sein, dass wir beide auf deiner Seite sind.“

Mattes entspannte sich ein wenig. Doch er schien die Antwort schon zu ahnen, als er fragte: „Was ist nun? Kannst du Robinson eine Weile bei euch auf dem Pferdehof verstecken?“

„Geht nicht“, sagte Lena. „Und bei Annette zu Hause, bei Schulze-Gehlings, da ist es auch nicht möglich. Aber wir haben uns was ausgedacht, Annette und ich.“

„Wir haben in Lenas Wigwam gestern Abend eine lange Beratung abgehalten!“ Annette freute sich darüber, dass Mattes so verständnislos guckte.

„Wigwam?“ Mattes beugte den Kopf vor, als hätte er das nicht richtig verstanden. „Was für ’n Wigwam?“

Annette erklärte es. „Lenas Dachzimmer hat so schräge Wände wie ein Indianerzelt.“ Sie fasste in Lenas langes Haar. „Außerdem glaubt Lena, dass ihr Großvater ein richtiger Apache war.“

„Hör doch auf mit dem Scheiss!“ Lena riß sich los und wandte sich Mattes zu. „Du hattest Recht mit deinem Verdacht. Der Hülsenbusch scheint wirklich kein richtiger Pferdehändler zu sein. Der ehemalige Stallmeister vom Pferdehof, der kennt sich gut aus in solchen Dingen. Er hat gemeint, dass der Hülsenbusch möglicherweise ein Geschäftemacher ist, der billig Pferde und Ponys und Esel aufkauft, um sie an die Rossschlächter zu verhökern. Da kann er richtig dicke Gewinne einstreichen. Kann sogar sein, dass er zu denen gehört, die Tiertransporte in südliche Länder organisieren. Dort wird nämlich besonders viel Pferdefleisch gebraucht. Du weißt vermutlich, welchen Qualen die Pferde und Ponys unterwegs ausgesetzt sind.“

Mattes fasste sich an den Hals. „Das darf doch nicht wahr sein!“ Und dann schrie er plötzlich: „Ich bin ein Armleuchter! Ich will kein neues Pferd haben, ich will Robinson behalten, die Reiterei ist mir schnurzegal!“ Er merkte selbst, dass er zu laut geworden war. Zwar übertönte der Lärm vom Schulhof fast alles, doch wenn jemand in der Nähe war, würde er vielleicht von diesem Wutausbruch angelockt. Außerdem kam die Erkenntnis ohnehin zu spät. Mattes sagte leise: „Es gibt eine schriftliche Vereinbarung zwischen meinem Alten und Herrn Hülsenbusch. Das ist so etwas wie ein Vertrag. Nächste Woche soll das neue Pferd geliefert werden. Eine Holsteiner Stute. Aus Celle kommt sie und heißt Columba.

Das bedeutet, dass Robinson bis dahin weggebracht sein wird und …“

Lena fuhr dazwischen. „Das hast du schon erklärt. Lass mich noch eins wissen! Das neue Pferd, das bekommt ihr doch nicht von dem Hülsenbusch?“

„Nein, nein“, sagte Mattes, „der hat damit nichts zu tun.“

„Ein Anhaltspunkt mehr, dass er kein Pferdehändler ist“, meinte Annette. „Freust du dich auf dein neues Reitpferd?“

Mattes ballte die Fäuste. „Verflucht, ich weiß es nicht! Zuerst hab ich mich gefreut, als mein Vater mir den Vorschlag machte, von dem Pony auf ein Pferd umzusteigen. Klar doch! Da hab ich das alles aber noch nicht überschaut. Doch jetzt? Jetzt weiß ich nicht, ob ich mich freue. Ich weiß überhaupt nichts mehr. Ich bin völlig durcheinander.“

„Nicht ausrasten!“ Lena versuchte, den aufgeregten Jungen zu beruhigen. „Annette und ich, wir haben einen Plan.“

„Rettet Robinson!“, bat Mattes.

„Genau das wollen wir ja versuchen“, antwortete Annette.

„Euer Plan – wie geht der?“, wollte Mattes wissen.

Lena kam sich sehr wichtig vor, als sie Mattes klarmachte, dass dieser Plan Annettes und ihr Geheimnis sei und dass Mattes ihn nicht erfahren werde. „Verstehst du das?“, fragte sie. „Wenn dein Pony auf einmal verschwunden ist, wird man sofort denken, dass du dahinter steckst. Logisch?“

„Logisch“, gab Mattes zu.

„Wenn du aber nichts weißt, dann kannst du auch nichts verraten, selbst wenn sie dich unter Druck setzen.“

„Ich würde sowieso nichts verraten!“, rief Mattes. „Die könnten mich foltern oder am Marterpfahl rösten. Von mir erfahren die kein Sterbenswort.“

Annette lachte. „Ist ja schön, dass du so tapfer bist. Aber lass uns das mal lieber nach unserem Plan machen. Du brauchst vor allem ein Alibi. Du weißt doch, was das bedeutet?“

„Du hältst mich wohl für einen Idioten?“, fauchte Mattes zurück. Anscheinend gefiel es ihm nicht, dass die Mädchen etwas ausgeklügelt hatten, das sie ihm nicht mitteilen wollten. Es beschämte ihn ganz eindeutig. Er war abhängig von Lena und Annette. Ausgerechnet er, der sonst immer eine so große Klappe hatte. Andererseits war er dankbar, dass die Mädchen ihm helfen wollten, obwohl sie ihn doch gar nicht so gut kannten.

Lena dachte: Es ist schon eine seltsame Sache. Wenn ich in so einer Zwickmühle steckte, würde ich mit meinen Eltern darüber reden, und wir fänden bestimmt eine Lösung. Warum hat Mattes kein Vertrauen zu seinem Vater und seiner Mutter? Wieso muss das alles heimlich geschehen? Sogar vor seiner Schwester hat er Angst.

Wirklich, ich möchte nicht mit ihm tauschen.

„Nein, ich halte dich nicht für einen Idioten!“ Annette drängte zur Eile, weil die Pause sich dem Ende näherte. „Du zeigst Lena und mir die Weide, auf der sich dein Pony befindet, und wir müssen auch von dir erfahren, wie wir es am besten von dort entführen.“ Annette boxte Mattes in die Rippen.

„Wie sieht der Robinson überhaupt aus?“, fragte Lena.

„Grau“, sagte Mattes, „wunderschön grau. Könnt ihr überhaupt mit Pferden umgehen?“

„Möglicherweise besser als du“, gab Annette spitz zur Antwort. „Ich hab immerhin das Deutsche Jugendreiterabzeichen. Und Lena ist sozusagen von Tieren umgeben. Also mach dir nicht in die Hose! Zu unserer Taktik gehört, dass du zu dem Zeitpunkt zu Hause bist und von deinen Leuten gesehen wirst, wenn dein Robinson verschwindet. Klaro?“

„Klaro!“ Mattes zog sich die Mütze ins Gesicht und grinste.

„Das wäre nämlich dein Alibi“, erklärte Lena.

„Kapiert“, antwortete Mattes. „Nach dem Abendessen gehe ich mit meinem Vater oder meiner Mutter zur Weide, um Robinson noch ein bisschen zu bewegen – und dann sehen wir, dass er weg ist. So stellt ihr euch das vor, ja?“

„So ungefähr“, sagte Annette. „Und dann kannst du fleißig beten, dass wir nicht erwischt werden, bevor wir unser Ziel erreichen. Sonst sitzen wir alle gewaltig in der Patsche."

„Das kannst du laut sagen", bestätigte Lena. Die Schmetterlinge im Bauch meldeten sich wieder. Plötzlich hatte sie die schlimme Vorstellung, dass ihr das alles über den Kopf wachsen könnte. Nur ungefähr ahnte sie, auf was sie sich eingelassen hatte. Doch zum Umkehren war es nun zu spät. Mattes verließ sich auf Annette und sie.

„Und das Ziel … Ich meine, wohin ihr Robinson bringen wollt, das erfahre ich nicht?", fragte Mattes kleinlaut.

„Später", sagte Annette, „wenn die Luft wieder rein ist."

„Ich kann euch gar nicht richtig verklickern, wie sehr ich euch dankbar bin", murmelte Mattes verlegen.

„Dann versuch es erst gar nicht." Lena winkte ab. „Außerdem steht's ja noch in den Sternen, ob wir das überhaupt schaffen. Wann und wo treffen wir uns heute Nachmittag zur Ortsbesichtigung?"

„Könnt ihr denn so einfach nach Habichtsbeek kommen?", wollte Mattes wissen.

„Unsere Schülerkarten gelten auch auf der normalen Buslinie", erklärte Annette.

Da ertönte das Gongzeichen zum Pausenschluss. Lena stopfte sich rasch einen von ihren Haferkeksen in den Mund. Annette leerte ihre Coladose mit einem tiefen

Schluck. Mattes biss nervös auf einen frischen Kaugummi.
„So um fünf Uhr am Fiskediek? Würde das gehen?"
Die Mädchen schauten sich an und nickten dann.
„Wisst ihr, wo das ist?"
Natürlich wussten sie das. Dieser Fischteich, in dem es überhaupt keine Fische gab, war das Plantschbecken für alle Kinder, die gern mit Matsche und Wasser spielten, und lag am Nordrand der Ortschaft.
„Abgemacht! Um fünf Uhr am Fiskediek!", rief Lena im Wegrennen. Was ihr ursprünglich wie ein Abenteuer vorgekommen war, bedrückte sie plötzlich heftig. Bloß gut, dachte sie, dass Annette auch mitmacht!
Herr Seliger, der Deutschlehrer, verteilte fotokopierte Blätter mit Comicfiguren, doch die Sprechblasen enthielten keinen Text. Ein wütender kleiner Mann ohrfeigte einen langen Schnösel mit ausgesprochen dämlichem Gesicht, ein fetter Kater schaute zu und lachte, zwei kugelige Dackel schienen sich etwas zuzurufen, ein Mädchen weinte jämmerlich und zeigte zum Himmel hinauf, ein Clown schlug Purzelbäume …
„Ich glaub, mein Walross zirpt!", stöhnte Ioannis. „Was soll denn das bedeuten?"
Lena wusste natürlich, was das bedeuten sollte, denn sie beschäftigten sich seit zwei Wochen im Deutschunterricht mit dem Thema Dialoge. Es galt, die Bildszene zu einer kleinen Geschichte zu gestalten und in die leeren

Sprechblasen die Wörter und Sätze zu schreiben, die die verschiedenen Figuren vielleicht sagten. So etwas machte ihr eigentlich Spaß; Lena dachte sich gern Geschichten und Gespräche aus. Doch heute konnte sie sich nicht richtig in die Bildgeschichte hineindenken, weil wichtigere Gedanken in ihrem Kopf arbeiteten.

Auch auf der Heimfahrt im Schulbus dachte sie angestrengt über Mattes und Robinson und die geplante Entführung des Ponys nach, vor allem aber darüber, was passieren konnte, wenn der Plan nicht klappte.

Die Idee stammte von Annette. „Wir bringen das Pony auf die Gräfte-Insel vom Wasserschlösschen! Dort ist es hundertprozentig in Sicherheit.“

An das kleine Wasserschloss und an die eher frostige Begegnung mit der Besitzerin, Baronin Amelie von Alfhaus, erinnerte Lena sich nur ungern. Keine Frage, das Märchenschlösschen auf der von einem breiten Wassergraben geschützten Insel mit seinem wuchernden Blumengarten und den schönen alten Bäumen hatte sie geradezu verzaubert, als sie es zum ersten Mal gesehen hatte. Schwäne, bunte Enten, platschende Karpfen: wunderschöne Bilder! Aber die alte Frau mit dem Faltengesicht und dem strähnigen grauen Haar unter dem Sonnenhut hatte sich nicht gerade als Zauberfee entpuppt.

Annette weckte Lena aus ihren Grübeleien. „Drei Groschen für deine Gedanken!“

Lena lachte. „Her mit den drei Groschen! Dann verrate ich dir, woran ich gedacht habe!"
„Oh, ich habe mein Scheckbuch nicht dabei!" Annette tippte Lena auf die Nasenspitze. „Du machst dir Sorgen, ja?"
„Wegen der zickigen Baronin. Die schickt uns garantiert zum Teufel, wenn wir mit Robinson ankommen. Ich glaube nicht, dass wir das Pony bei ihr verstecken können."
„Abwarten!" Annette tat sehr geheimnisvoll.
Frännes, der am Steuer des Schulbusses saß, drehte die blöde Schlagermusik so laut, dass es in den Ohren schmerzte. Lena war froh, als sie und die Freundin endlich aussteigen konnten.
„Um halb fünf fährt ein Postbus nach Habichtsbeek", sagte Annette. „Den nehmen wir!"
„Ich bin rechtzeitig an der Haltestelle", rief Lena, als sie auf ihr Rad stieg. „Und denk dir 'ne schöne Ausrede für deine Mutter aus!"
„Danke, gleichfalls!" Annette lachte.
Auf dem Pferdehof erzählte Lena der alten Stute von ihrem Plan und ihren Befürchtungen. Raja hörte freundlich zu und genoss Lenas Streicheleinheiten. Beim Mittagessen, es gab Bandnudeln mit Basilikumsoße und Reibekäse, nahm Lena nur sehr wenig, und auch vom Schokoladenpudding aß sie nur ein paar Löffel voll. Pitt und Ronja stöhnten vor Wonne, als sie sich über Lenas

Nachtischanteil hermachen konnten. Hanna schaute ihre Tochter ein wenig besorgt an, sagte aber nichts.

Die Hausarbeiten brachte Lena schnell hinter sich. Unruhig und ziellos lief sie dann auf dem Hof und im Garten herum, säuberte dem Ziegenbock Xerxes das Fell und kraulte die Hälse der Pferde. Plötzlich huschte eine schneeweiße Katze um die Scheunenecke. Sie warf Lena einen Blick zu und verschwand im hohen Gras. Lena hatte diese Katze noch nie gesehen. Lena dachte: War da wirklich eine fremde Katze, oder habe ich mir das nur eingebildet?

Wolkenschlieren zogen sich über den Himmel. Regenwetter kündigte sich an. Ein flattriger Wind war aufgekommen und pfiff leise in den Rhododendronbüschen vor dem Haus.

Lena zog ihre gemusterte Wolljacke an. „Es kann ein bisschen später werden“, sagte sie zu Hanna. Die lag auf dem Sofa und las die Zeitung. „Annette und ich, wir haben noch was vor!“

Hanna nickte nur.

„Was habt ihr denn vor?“, schrie Pitt, der vor der offenen Haustür saß und die Wuschelhündin als Nackenstütze benutzte.

„Geht dich nichts an“, antwortete Lena kühl.

„Ich will es aber wissen!“, beharrte Pitt.

Hanna rief: „Pitt, hör auf zu quengeln! Wenn einer was nicht sagen möchte, dann darf man ihn nicht zwingen.“

Das galt eigentlich Lena. An sich legten die Eltern nämlich Wert darauf, genau zu wissen, wo die Kinder sich aufhielten.
Lena tat so, als hätte sie Hannas Vorwurf nicht bemerkt, und fuhr mit dem Rad zum Hof von Annettes Eltern. Dann warteten die beiden Mädchen auf den Postbus. Auf der Fahrt nach Habichtsbeek redeten sie kaum.
Mattes wartete schon am Fiskediek. „Stark, dass ihr gekommen seid!“, sagte er.
Nur wenige Kinder spielten am Teich. Hier draußen am Ortsrand, wo die Felder und Wiesen begannen, waren nie besonders viele Erwachsene. Der Mann in grüner Arbeitskleidung, der an einer Kälberweide die mechanische Tränke reparierte, schaute nicht auf, als Mattes, Lena und Annette in den Weg zum Hof von Bauer Biermann einbogen; und auch die beiden Frauen auf dem Spargelfeld waren intensiv mit ihrer Arbeit beschäftigt.
Biermanns großer Bauernhof mit Wohnhaus, Stallung und Scheune war u-förmig angelegt. Das Futtersilo überragte die Dächer. Westlich des Hofes ruhten zahllose Jungbullen zum Wiederkäuen im Weidegras, nach Norden dehnte sich eine Koppel mit einem brusthohen Stacheldrahtzaun. Zwei Rappen standen still wie Statuen da und hielten die Nasen in den frischen Wind. Weiter weg graste ein graues Pony, das eigentlich eher die Figur eines kleinen Pferdes hatte.
Lena zeigte auf das Pony. „Ist er das?“

„Ja, das ist Robinson“, gab Mattes mit belegter Stimme zurück. „Widerristhöhe eins neunundzwanzig.“

„Schöner Bursche!“, sagte Annette, die sonst für Ponys kaum einen Blick übrig hatte.

„Ich hab richtig so einen dicken Klumpen im Bauch rumkullern“, murmelte Mattes vor sich hin.

Lena wollte sagen: Bei mir flattern Schmetterlinge im Magen. Sie sagte es aber nicht, sondern lief hinter Annette und Mattes her, die am Zaun entlang zum anderen Ende der Pferdeweide eilten.

„Wenn wir uns hinter die Brennnesseln hocken, kann man uns von Biermanns Haus aus nicht sehen“, erklärte Mattes. Als auch Lena und Annette sich niedergekauert hatten, deutete er auf den Eckpfosten des Zauns. „Seht ihr die Eisenhaken? Und die Ösen am Stacheldraht?“

„Wir haben ja schließlich kein Apfelmus auf den Augen!“ Annette kicherte. „Ich weiß schon! Das ist der Hinterausgang, wie?“

„Du hast es erfasst“, sagte Mattes. „Das richtige Tor ist vorn beim Hof. Aber die zwei Benthoff-Brüder und ich, wir können hier den Zaun öffnen.“ Mattes zeigte zum Kiefernwäldchen hinüber. „Da hinten liegt nämlich der Habichtsbeeker Reitplatz, da sparen wir uns den Umweg durch den Hof und um das Maisfeld. Die Benthoffs sind Rechtsanwälte in Steinfurt, ihnen gehören die Rappen, die stehen auch in Biermanns Mietstall.“

Annette spähte über die Brennnesseln hinweg zum

Gehöft. „Das mit dem Hinterausgang ist enorm praktisch. Ich hab mich schon gefragt, wie wir den Robinson unbemerkt von der Weide holen könnten. Aber so sieht's ganz einfach aus."

„Einfach?" Lena widersprach. „Wir müssen ihn doch erst einmal einfangen und …

Da grinste Mattes über das ganze Gesicht. „Von wegen! Der Robinson kommt von selbst, wenn ich ihn rufe. Passt mal auf!" Mattes erhob sich. „Bleibt ihr sitzen!" Dann rief er schmeichelnd: „Robinson, wo bleibst du denn?"

Das Pony schaute kurz auf und kam dann brav getrottet. Die Mädchen sahen, dass es ein Halfter trug. Mattes streckte beide Arme über den Stacheldrahtzaun und wartete, bis das Pony den Kopf zwischen seine Hände schob. Was für ein zutrauliches, anschmiegsames Tier! Lena begriff es nach wie vor nicht, dass Mattes sich von diesem Pony trennen wollte, das ihm so viel Vertrauen schenkte.

„Du bist ein braver Kerl!", flüsterte Mattes dem Tier ins Ohr. Dann wandte er sich zu Annette und Lena um. „Robinson ist ganz sanft und unkompliziert. Zaumzeug und Sattel hab ich beim Kiefernwäldchen versteckt. Rechts vom Reitweg sind kleine Baumstämme gestapelt. Dahinter liegen die Sachen."

„Hoffentlich hat sie niemand geklaut", sagte Annette.

Mattes schüttelte den Kopf. „Hier klaut keiner."

„Ach nee!“ Lena platzte raus. „Hier gibt’s sogar Ponydiebe!“

„Eins zu null für Lena!“ Mattes gab Robinson einen Klaps. „Los, Junge, friss noch ein bisschen!“

Gehorsam drehte Robinson sich um und zupfte mit spitzen Lippen die Blüten von einer Butterblume. Mattes zeigte den Mädchen, wie man die Drahtösen leicht von den Haken lösen konnte. Weit in der Ferne zuckte ein Blitz über den tintenfarbenen Himmel. Es dauerte lange, bis der Donner rollte.

Mattes sprach auf einmal leiser, obwohl es keinen Grund dafür gab. „Führt Robinson in den Wald, und wenn ihr ihn gesattelt habt, solltet ihr noch so ungefähr zweihundert Meter dem Reitweg folgen. Dann gibt’s rechts eine Schneise im Wäldchen. Die führt vom Ort weg zu den Baumbergen rüber. Aber passt auf, ihr müsst die Bundesstraße überqueren! Da sausen die Hirnis von Autofahrern wie die Bescheuerten. Wenn ihr den Buchenwald am Hügelhang erreicht habt, ist das Schlimmste geschafft. Dann könnt ihr geschützt in Richtung Uhlendorf …“ Er brach ab und starrte zu den Wolken hoch. „Hoffentlich erreicht ihr vor dem großen Regen euer Ziel.“

„Ja, hoffentlich“, sagte Annette ein bisschen gequält. „Wie geht’s jetzt weiter?“

Mattes redete nun hastig. „Ich laufe gleich über die Weide zum Biermann-Hof, damit man mich auch deutlich sieht. Vielleicht kann ich mit jemandem reden. Über Robinson und so. Wär gut, wenn dann einer sähe, dass das Pony auf der Weide ist. Okay, dann laufe ich nach Hause. Und in ungefähr einer Stunde komme ich wieder. Mit meinem Alten oder mit meiner Mutter oder mit meiner Quasselschwester!" Mattes verzog den Mund. „Und dann stellen wir erschrocken fest, dass Robinson verschwunden ist. Und ihr, ihr müsst dann über alle Berge sein!"

„Das kriegen wir schon hin", sagte Annette, doch es hörte sich an, als glaubte sie selbst nicht daran.

Trotzig behauptete Lena: „Unser Plan gelingt! Ich gehe jede Wette ein!" Wenn nur die Schmetterlinge zur Ruhe kämen! Wenn sich nur die Zweifel wegblasen ließen! Wenn Robinson nur schon in seinem Versteck wäre!

„Gebt Acht, dass Robinson nicht in ein Rapsfeld gerät!", mahnte Mattes. „Raps ist Gift für ihn. Und bei Obstplantagen müsst ihr aufpassen. Die Bäumchen sind alle mit Chemikalien besprüht."

„Lass das mal unsere Sache sein", wehrte Annette ab. „Wir haben schon eine Wegstrecke ausgeklügelt, wo wir nicht an Rapsfeldern vorbeikommen. Und auch nicht durch Obstplantagen müssen."

Plötzlich beugte sich Mattes ein Stück zu Lena hinunter. „Möchtest du meine Mütze haben? Sie würde so schön zu deiner Wolljacke und zu deinem Indianerhaar passen. Hier, ich schenke sie dir."

Lena fühlte, wie Mattes ihr die Indianermütze auf den Kopf drückte. Ihr wurde ganz schwindelig. Sie wollte etwas sagen, doch ihr fehlten die Worte. Dann dachte sie glücklich: Mit so einer Mütze kann mir nichts passieren. Wir schaffen es.

„Also dann!" Mattes atmete tief ein und zwängte sich zwischen den Drähten des Stacheldrahtzaunes durch. „Wenn's hinhaut, sehen wir uns morgen in der Schule. Wenn nicht ..." Was er sagte, war nicht mehr zu hören. Die Mädchen, die noch immer versteckt hinter den Brennnesseln kauerten, schauten ihm nach, bis er fast schon den Hof am anderen Ende der Weide erreicht hatte. Mattes blickte sich nicht um. Die zwei Rappen trieben muntere Kampfspielchen. Robinson schlug mit dem Schweif die Mücken von seinen Flanken.

„Lena, Lena, auf was haben wir uns eingelassen!" Annette fasste nach Lenas Händen.

„Vielleicht landen wir im Knast!" Lena lachte trotz allem.

Im dunklen Wald

In das düstere Blau und das grelle Weiß der Wolkenbänke hatten sich andere Farben gemischt: schwefliges Gelb, stumpfes Braun und ein seltsames Grau, das fast grünlich schimmerte. Der flattrige Westwind schob Hitzewellen und Ströme kühler Zugluft vor sich her.

Lena und Annette hatten mit dem grauen Pony den Waldgürtel erreicht, der den Höhenzug der Baumberge säumte. Beinahe ungläubig hatten sie feststellen müssen, dass es ganz leicht war, Robinson zu entführen. Willig hatte das Pony sich zum Holzstapel lenken und satteln lassen. Im Schutz der Holunderbüsche und Brombeersträucher waren sie bis zur Bundesstraße vorgedrungen. Annette hatte Robinson bei den Zügeln gehalten und im Dickicht gewartet, bis Lena, die vorausgeeilt war, das Zeichen gab, dass in beiden Fahrtrichtungen kein Auto zu sehen sei. Auf der anderen Seite der Straße hatten sie den Grassaum genutzt, der einen Maisacker von einer Kirschbaumplantage trennte, waren am Bachufer einem Trampelpfad zwischen hohen Schilfstängeln gefolgt und hatten Glück dabei, denn schon bald hatten sie eine schmale Holzbrücke gefunden. Robinson war nach anfänglichem Zögern leicht über den Steg zu führen gewesen. Geschickt hatten sie es vermieden, den einzeln lie-

genden Gehöften zu nahe zu kommen. Nur die Mückenschwärme und die Gewitterfliegen waren zur Last geworden.
Doch nun hatten Lena und Annette mit dem grauen Pony den Waldgürtel erreicht.
„Puh!“, stöhnte Annette und klatschte sich eine Schnake von der Backe. „Dass wir das geschafft haben! Hier sind wir erst mal in Sicherheit. Kleine Pause!“
„Aber nicht zu lange!“ Lena lauschte besorgt dem Gegrummel des Gewitters, das näher und näher kam. „Wir haben noch einen ziemlich weiten Weg vor uns!“
„So sieben, acht Kilometer, schätze ich!“ Annette knetete Robinsons Mähnenkamm, was dem Pony augenscheinlich gefiel. „Das kriegen wir locker hin. Und wenn wir ein bisschen nass werden – na und? Wir sind doch nicht aus Zucker. Dir kann ja sowieso nichts passieren, du hast ja die tolle Mütze.“
„Sag bloß, du bist neidisch!“
Annette breitete die Arme aus, als müsste sie gegen diese Unterstellung Hilfe erflehen. „Nein, nein und nochmals nein! Weder neidisch noch eifersüchtig. Damit dieses Thema mal vom Tisch ist. Ich will dem Robinson helfen und nicht Mattes. Kapiert? Siehst du das etwa anders?“
Lena ging nicht auf Annettes Frage ein. Es wunderte sie selber, dass sie sich darüber keine genauen Gedanken gemacht hatte. Wollte sie Mattes helfen? Ging es ihr um das Pony? Ja, warum hatte sie sich eingemischt? War der

wirkliche Grund vielleicht der, dass da ein Mann namens Hülsenbusch ein mieses Spiel zu spielen versuchte? Nein, sie wusste es nicht genau. Aber dass Mattes ausgerechnet sie um Hilfe gebeten hatte, das war aufregend und verwirrend gewesen – und vielleicht noch ein bisschen mehr. Lena sagte: „Hoffentlich macht Robinson keine Zicken!"
„Glaube ich nicht", gab Annette zurück. „Der scheint tatsächlich so ein unkomplizierter Bursche zu sein, wie Mattes behauptet hat. Ab jetzt können wir abwechselnd reiten. Da kommen wir rascher vorwärts."
„Meinst du, dass du den Weg findest?"
„Soll das eine Beleidigung sein, Lena?" Annette lachte spöttisch. „Ich bin ja immerhin in dieser Gegend aufgewachsen. Willst du zuerst aufsitzen?"
Lena zuckte mit den Schultern. „Ist mir gleich. Weißt du, was mich wundert? Dass du es nicht unter deiner Würde findest, dich auf ein Pony zu setzen. Was sagt denn wohl der Odin dazu?"
„Du brauchst es ihm ja nicht unbedingt zu verraten", schlug Annette vor. „Manchmal muss man eben über seinen Schatten springen. Hopp, sitz auf, Lena! Du machst den Anfang."
Lena war sich klar darüber, dass sie solche Albernheiten nur redeten, um sich gegenseitig die Nervosität nicht anmerken zu lassen. Das waren inzwischen nicht nur Schmetterlinge, die da im Bauch rumorten, das waren

dicke Hummeln. Was zuerst nur ein unbehagliches Gefühl gewesen war, blähte sich allmählich zu richtiger Furcht auf. „Hast du auch Schiss, Annette?"
„Geht so. Auf jeden Fall wäre ich froh, wenn wir die Sache schon hinter uns hätten. Worauf wartest du eigentlich?"
Lena gab sich einen Ruck und stieg in den Sattel. Das Gefühl, den kräftigen Robinson unter sich zu wissen, gab ihr plötzlich neuen Mut. Das graue Pony schien an diesem merkwürdigen Ausritt nichts Beunruhigendes zu finden. Es schritt auf dem weichen Waldpfad zügig aus. Annette, die sich am Sattel festhielt, geriet in eine Art Dauerlauf. Immer wieder peitschten ihr Zweige ins Gesicht.
Mal stieg der Weg mäßig an, mal fiel er leicht ab. Für das Pony gab es keinen Grund, das Tempo zu verändern, und mit den zwei Mädchen hatte Robinson sich allem Anschein nach abgefunden. Er hatte nichts gegen diese beiden Begleiterinnen. Es schien ihm auch nichts auszumachen, dass diese Waldgegend für ihn völlig neu und unbekannt war.
Obwohl es eigentlich noch nicht spät war, senkte sich bereits die Dämmerung herab. Dunst stieg aus der warmen Erde auf. Es war, als ob der Waldboden ausatmete. Dann und wann huschte ein Tier raschelnd durch das Unterholz. Was für Tiere gab es hier überhaupt? Lena dachte an Füchse und Wölfe, doch wahrscheinlich waren

dies nur Mäuse und Kaninchen oder Wanderratten und vielleicht auch kleine Marder. Eichelhäher zeterten, Wildtauben fuhren mit knatterndem Flügelschlag aus dem Gewirr der Eichenschonung auf. Kleine Vögel mit rostroten Brüsten, deren Namen Lena nicht kannte, hüpften von Ast zu Ast und begleiteten eine Weile die beiden Mädchen und das Pony.

„Findest du's unheimlich hier?“, fragte Lena.

„Kein bisschen!“, rief Annette.

In den Baumkronen begann der Wind zu orgeln. Wenn der Schein der Blitze zwischen den Stämmen irrlichterte, wurde der Wald zur spukigen Märchenszene, und da konnte Lena sich in ihrer Fantasie bleiche Feen und knubbelige Kobolde, huschende Elfen und bösartige Gnome leicht vorstellen. Als kleines Kind hatte sie sich einmal bei der Rumpelstilzchen-Vorstellung einer Freilichtbühne ganz schlimm gefürchtet. Ein bisschen von diesem Gefühl stellte sich auch jetzt ein, als der Pfad sich weitete und sie eine Lichtung voll hoher Adlerfarnpflanzen erreichten.

„Rehe!“, wisperte Annette. „Links hinter den Baumstümpfen!“

Lena hielt den Atem an, obwohl das Unsinn war beim dumpfen Klopfen der Hufe. Unwillkürlich zog sie an den Zügeln. Doch als das Pony zum Stehen kam, ergriffen die beiden Rehe, die starr herübergeäugt hatten, die Flucht und verschwanden mit langen Sprüngen zwischen den Buchen. Das Rascheln des Laubes verriet, dass sie hügelan den bemoosten Felsbrocken zustrebten.

Elektrisches Knistern begleitete das Zucken eines gewaltigen Blitzes, der den Horizont erhellte. Nur wenige Sekunden später krachte Donnergetöse. Robinson scheute leicht.

„Es kommt verdammt schnell näher!“, sagte Annette überlaut.

„Das kann ein zünftiger Wolkenbruch werden“, gab Lena zurück. „Wochenlang war das Wetter schön. Ausgerechnet heute muss uns das passieren. Scheißdreck, verdammter!“

Annette fand, dass der Wetterumschlag eigentlich günstig war für ihre Aktion. „Da laufen wenigstens keine Leute im Wald rum. Und jetzt darfst du mal ein Stückchen laufen!“

Annette trieb Robinson zu schnellerer Gangart an. Das graue Pony zeigte leichte Unruhe. Instinktiv schien es darauf aus zu sein, sich vor dem nahenden Unwetter in einen rettenden Stall zu flüchten. Lena geriet ins Schwitzen. Sie knöpfte im Rennen ihre Wolljacke auf, doch die Mütze nahm sie nicht ab. Eine Indianermütze gibt Mut und Kraft, so kam es Lena jedenfalls vor.

Der Waldpfad führte zu weit zum Gipfel des Höhenzuges hinauf. Da wechselte Annette die Richtung, als ein Wanderweg kreuzte. Sie kamen wieder an den Rand des Buchenwaldes. Habichtsbeek war weit hinter ihnen. Ein fahler Lichtschein lag über der Ortschaft. Die Straßenlaternen waren längst aufgeflammt. Dunkel wie der Wald schien inzwischen auch die weite Landschaft geworden zu sein. Die Umrisse verschwammen, Büsche, Felder und Bauernschaften waren zu einer einzigen düsteren Fläche verlaufen.

„Drei Kilometer sind's höchstens noch!", rief Annette.

Der Wind fetzte ihr die Worte vom Mund.

Robinson schnaubte unwillig.

Lena spürte Seitenstiche, aber sie hastete, dicht an das Pony gedrängt, weiter. Sie wusste, dass vor ihnen im Südwesten Uhlendorf lag. Büsche und Baumketten versperrten jedoch den Blick. Geradeaus musste irgendwo der Pferdehof sein. Lena schickte einen Gedanken zu ihren Eltern und zu Pitt und natürlich auch zu Raja. Die Schuldgefühle, die sich auf einmal einstellten, verscheuchte sie.

Sie sahen, als sie sich der Landstraße näherten, eine Gruppe Jogger. Für das trabende Pony und die beiden Mädchen schienen sich die Männer und Frauen nicht zu interessieren, sie hasteten ihren Autos zu, die am Straßenrand abgestellt waren. Gespenstisch leuchteten fern die gelben Rapsfelder.

„Lass uns den Weg abkürzen!", schrie Lena. „Einfach geradeaus über das Feld! Der Boden ist so trocken, da sieht man keine Spuren!"

Annette stieg ab, damit Lena wieder ein Stück reiten

konnte. Der Mais stand erst knöchelhoch, so fanden sie leicht eine Spur zwischen den Pflanzenreihen des weiten Ackers. Robinson stemmte sich gegen den Wind und schritt kraftvoll aus.

Lena dachte: Mattes hatte Recht, das ist wirklich ein unkompliziertes Pony. Von so einem zuverlässigen kleinen Tier würde ich mich niemals trennen. Sie dachte auch: Ob Mattes sein Täuschungsmanöver auch tatsächlich überzeugend gemimt hat? Das gespielte Erschrecken: Mein Robinson ist verschwunden! „Ach, Mattes!“, flüsterte Lena. „Zu was für einem verrückten Abenteuer hast du mich da bloß angestiftet!“ Bei dem heftigen Wind konnte Annette das natürlich nicht hören.

Doch dann zeigte es sich, dass das unkomplizierte Pony Robinson auch seine Macke hatte. Als das Maisfeld hinter ihnen lag, kamen die Mädchen mit ihrem Reittier an einen abfallenden Wiesenrain – und an ein flaches Flüsschen. Die Beerlager Aa: Lena und Annette kannten sich aus. Aber Robinson blieb wie angewurzelt stehen und weigerte sich hartnäckig, auch nur einen Fuß ins Wasser zu setzen.

„Das gibt’s doch nicht!“ Annette riss Lena die Zügel aus der Hand und begann zu ziehen. „Der Bursche ist wasserscheu. Das hab ich bei einem Pony noch nie erlebt. Komm, stell dich nicht an, du blöder Kerl! Wir müssen weiter!“

Annettes Bemühungen blieben erfolglos. Robinson erwies sich als ausgesprochen kräftiges Pony. Wie ein Denkmal aus Stein stand er am Ufer. Doch Annette wusste einen Trick.

„Lena, halt ihm die Mütze vor die Augen!“, forderte sie. „Wenn Robinson das Wasser nicht sieht, kann er auch nicht bange sein. So ein Witzbold! Vorhin über den schmalen Holzsteg hat er sich getraut, und durch diese Pfütze traut er sich nicht!“

Lena hielt die Indianermütze vor Robinsons Augen, und das half! Mit hochgestülpten Lippen und zögernd, aber dann doch entschlossen querte Robinson, ein bisschen gezogen und ein bisschen geschoben, das gluckernde Wasser. Die Mädchen wurden zwar bis zu den Knien klatschnass, doch das spielte jetzt keine Rolle mehr.

Kaum hatten sie das andere Ufer erreicht, schoss ein gewaltiger Blitz einen Strahl greller Helligkeit wie eine überraschende Bühnenbeleuchtung über das Land. Fast gleichzeitig brüllte der Donnerschlag los. Annette schrie auf vor Schreck. Lena verbarg unwillkürlich den Kopf zwischen den Armen. Das Pony schlug entsetzt aus. In der Ferne stimmten die Kühe auf den Weiden klagendes Muhen an. Das ganze Land schien zu dröhnen. Und dann setzte der Regen mit so jäher Plötzlichkeit ein, dass Lena einen Augenblick dachte, die Atemluft gehe ihr aus.

„Oh Scheiße!“ Annette keuchte. „Nichts wie weiter!“

Sie stapften den Gegenhang hoch, Erlenzweige schlugen

ihnen ins Gesicht. Robinson hatte Mühe, sich durch den weichen Boden zu wuchten. Dann erreichten sie den Fahrweg, der direkt zum Wasserschlösschen führte. Die Pappeln bogen sich im Sturm und schienen zu wimmern. Wieder und wieder zuckten Blitze nieder. Das Hämmern der Donnerschläge schmerzte in den Ohren. Die Mädchen hatten das Pony zwischen sich genommen und führten es am Halfter. Doch eigentlich war es eher so, dass sie sich dort festhielten, denn Robinson war es, der nun das Tempo bestimmte und der Baumgruppe zustrebte, hinter der er offenbar eine Behausung witterte.
Und dann zeichneten sich zwischen den schwankenden Schattenrissen der hohen Bäume die Konturen des kleinen Turmes ab. Ein gelblicher Lichtschein schimmerte hinter einem der Fenster. Die Kulisse für eine Spukgeschichte war perfekt.
Warum ist das Gattertor vor der Brücke offen?, dachte Lena erstaunt. Im kleinen Innenhof des Schlösschens auf der Insel leuchteten Lampen. Regen platschte auf die Steinplatten. Robinsons Hufe machten klick-klack-klick-klack auf dem Pflaster der Brücke. Die dicken Tropfen brachten den Wassergraben zum Schäumen. Als ob wir erwartet würden!, überlegte Lena. Sie war schlapp und müde und aufgeregt zugleich.
„Tan-te A-me-lie!“, schrie Annette. „Wir sind da!“
„Tante?“Lena blickte Anette entgeistert an. „Wieso Tante Amelie?“

Annette wischte sich mit dem Ärmel über das nasse Gesicht. „Sie ist meine Patentante. Das hättest du wohl nicht gedacht, wie?“

„Das ist wirklich eine Überraschung“, murmelte Lena.

In gelber Regenjacke und mit breitkrempigem Hut erschien die Baronin in der Haustür. „Bringt das Pony ins Gartenhaus!“, rief sie. „Es ist offen. Ich komme sofort nach.“

Lena kam nicht raus aus dem Staunen. „Mensch, Annette, hattest du das alles schon vorbereitet?“

„Blitzmerker!“ Annette lachte.

Sie führten Robinson in das kleine Gartenhaus, wo allerlei Geräte herumstanden und Säcke mit Torf und Blumenerde gelagert waren. Ein Ballen Stroh lag bereit. Amelie von Alfhaus kam mit großen Handtüchern geeilt, damit rubbelten sie das Pony trocken. Später, als sie Robinson mit Futter und Wasser versorgt hatten, folgten sie der alten Frau ins Haus.

Fast beklommen schaute Lena die hohen dunklen Möbel im Wohnzimmer an, die nachgedunkelten Gemälde an den Wänden, die Männer und Frauen mit strengen Gesichtern zeigten, die silbernen Kerzenleuchter auf dem Vertiko und die kostbaren Blumenvasen.

„Geht ins Badezimmer!“, kommandierte Amelie von Alfhaus. „Zieht erst einmal die nassen Sachen aus. Ich bringe euch was zum Anziehen. Soll ich deinen Vater anrufen, Annette? Er kann euch mit dem Wagen abholen.“

„Ja, bitte!“ Annette zeigte auf Lena. „Und sag ihm doch, dass er mit den Belkers auf dem Pferdehof telefonieren soll. Sie brauchen sich keine Sorgen um Lena zu machen. Das hier ist übrigens meine Freundin Lena.“

„Was du nicht sagst!“, antwortete die Baronin unwirsch. „Als ob ich die Lena nicht kenne! Sie hat sich doch voriges Jahr mit ihrer Familie bei mir vorgestellt.“

Das haut doch den stärksten Eskimo vom Schlitten!, dachte Lena. Wie abweisend und schroff sie sich damals benommen hat! Aber anscheinend kann sie sich an unsere Familie genau erinnern. Eine merkwürdige Frau.

„Sie ist ja ganz anders, als ich sie in Erinnerung habe“, flüsterte Lena der Freundin zu, als Amelie von Alfhaus das Zimmer verlassen hatte, um zum Telefon im Hausflur zu gehen.

„Man muss sie eben kennen“, gab Annette zurück. „Meine Patentante ist ein bisschen schrullig und menschenscheu, aber sonst ist sie in Ordnung. Unser Geheimnis wird sie garantiert niemandem verraten, auch nicht meinem Vater. Hier auf der Insel ist Robinson in Sicherheit.“

„Lebt sie ganz allein in diesem Schlösschen?“, fragte Lena.

Annette nickte. „Sie beschäftigt eine Gärtnerin, aber die wohnt nicht auf der Insel.“

„Du hast wirklich eine komische Patentante!“ Lena knöpfte ihre Jacke auf. „Wo ist denn das Badezimmer?“

„Komm mit!“

Als die Mädchen nackt unter der Dusche standen und sich das heiße Wasser über die Haut laufen ließen, kam Amelie von Alfhaus ins dampfende Badezimmer. Sie legte einen Haufen Kleider auf den Rand der Badewanne und verschwand wieder.

Später lachten Annette und Lena sich all die Furcht und die Erschöpfung aus den Knochen. In den bodenlangen Wollkleidern sahen sie wirklich verrückt aus! Was für ein Tag!

Ein Trickser wird ausgetrickst

Das Gewitter hatte trauriges Nieselregenwetter gebracht, trotzdem ging es auf dem Schulhof heiß her. Das war ja beinahe eine Sensation! Und im Mittelpunkt des Geschnatters und Geschwätzes stand Mattes aus der achten Jahrgangsstufe.

Als Lena und Annette aus dem Schulbus hüpften, kam Ioannis den Mädchen aufgeregt entgegengelaufen. Er schwenkte eine Zeitung. „Hier! Wisst ihr das schon?" Er zeigte auf ein Foto.

„Gib mal her!", sagte Lena und riss Ioannis die Zeitung aus der Hand. „Warum machst du denn so ein Theater? Ach, den kenne ich doch!" Sie hielt Annette die Zeitungsseite vor die Nase. „Ist das nicht der Mattes aus der Achten?"

„Wieso haben sie den in der Zeitung abgebildet?", fragte Annette mit gespielter Neugier. „Was ist denn passiert?"

„Sein Pony ist geklaut worden!", schrie Ioannis.

„Was es nicht alles gibt!" Lena heuchelte großes Staunen.

Die beiden Mädchen lasen die Bildunterschrift, die fett gedruckt unter dem Foto von Mattes stand:

„Mein geliebtes Pony Robinson ist verschwunden!", stellte der Schüler Mattes Islacker von der Droste-

Gesamtschule entsetzt fest, doch nun kann er schon wieder lachen. Nach dem dreisten Diebstahl tröstete Vater Islacker seinen Sohn: „Jetzt kaufe ich dir ein großes Pferd!“

Annette flüsterte Lena zu: „Das ist doch ein widerlicher Käse, was die Zeitungsfritzen da verzapft haben. Richtig schön auf die Tränendrüse.“

„Typisch für unser Provinzblättchen“, sagte Lena lachend. „Die können’s halt nicht besser.“ Sie überflog den Artikel, der neben dem Foto abgedruckt war. Allein schon die Überschrift! Ponydiebe schlugen in Habichtsbeek zu! Ein Polizeibeamter namens Guido Nowack mutmaßte, dass es sich bei den Dieben wohl um eine organisierte Bande handele, und erste Hinweise verfolge die Polizei auch. Scharfsinnig schloss er seine Äußerung: „Es ist auszuschließen, dass das Pony eigenmächtig entwichen ist, denn ein Pony, das in der Lage ist, ein Gehege zu öffnen und wieder zu verschließen, ist mir noch nie begegnet. Es handelt sich eindeutig um Fremdeinwirkung.“

Plötzlich meldeten sich die Schmetterlinge in Lenas Bauch mit solcher Heftigkeit, dass es sogar wehtat. Mit der Polizei haben Mattes, Annette und ich nicht gerechnet!, schoss es ihr durch den Kopf. Daran hatten sie einfach nicht gedacht. Dabei war es doch nur logisch, dass die Polizei eingeschaltet wurde, wenn ein Tier spurlos verschwand. Damals, als Raja heimlich auf den Pferdehof gebracht worden war, hatte man doch auch die Polizei mit dem Fall betraut. Lena dachte: Jetzt sitzen wir schön in der Patsche!

„Bloß nicht die Nerven verlieren!“, flüsterte Annette. „Einfach ganz kühl und locker bleiben!“

Lena drückte Annettes Arm. „Wir stehen das durch!“

Ioannis nahm sich seine Zeitung zurück. „Das ist ein Ding, was? Vielleicht sollte ich mal die Aufklärung übernehmen. Im Spurenlesen bin ich einsame Klasse.“

„Gute Idee“, bestätigte Lena. „Aber ich schätze, der Gewitterregen wird sämtliche Spuren verwischt haben. Pech für dich, du Größter aller Pfadfinder!“

Natürlich gingen die aufgeregten Debatten in den einzelnen Klassen weiter, und erst allmählich kehrte ein wenig Ruhe ein. Lena und Annette vermieden es selbstverständlich, in die Nähe von Mattes zu kommen. Nur einmal, das war in der Pause nach der vierten Stunde, gab es einen kurzen Blickkontakt zwischen Mattes und Lena. Lena signalisierte mit einem Wimpernschlag: Robinson ist in Sicherheit.

Sie mussten bis zum Nachmittag warten. Lena und Annette saßen wie auf heißen Kohlen in der Wohnhalle und starrten auf das Telefon.

Hanna spürte, dass die zwei Mädchen in irgendeine aufregende Angelegenheit verwickelt waren, doch sie mischte sich nicht ein. Die Wuschelhündin nagte an den Teppichfransen herum.

„Kommt ihr mit raus?“, fragte Pitt. „Ich hab neue Reiterkunststücke ausprobiert, die will ich euch zeigen.“

„Es regnet doch“, sagte Lena.

„Quatsch mit Soße!“ Pitt wusste es besser. „Kein Fitzelchen regnet’s mehr. Was ist?“

„Lass uns mal in Ruhe!“, bat Lena. „Annette und ich, wir haben was Wichtiges zu besprechen.“

„Hat es was mit Liebe zu tun?“, wollte Pitt wissen.

„Hau endlich ab zu deinem Sturmwind!“, schimpfte Annette.

Da schaltete Hanna sich ein. „Komm, Pitt, wir lassen die beiden Geheimniskrämerinnen mal ein bisschen allein. Du kannst mir ja deine Kunststücke vorführen. Ronja, willst du auch mit?“

Ronja wollte. Lena warf der Mutter einen dankbaren Blick zu. Drei Uhr und ein paar Minuten schon! Warum meldete Mattes sich nicht?

„Vielleicht wird er noch mal verhört“, gab Annette zu bedenken.

Doch dann klingelte endlich das Telefon.

„Ich konnte nicht eher!“ Mattes’ Stimme hörte sich ziemlich gehetzt an. „Die Luft war nicht rein. Ihr versteht schon. Ich bin jetzt am Telefon auf dem Habichtsbeeker Postamt. Wie finde ich euch?“

„Hast du was zu schreiben?“, fragte Lena.

„Hab ich. Also?“

„Wenn du die Landstraße Richtung Uhlendorf fährst –

also, an der Kreuzung, wo's links nach Billerbeck abgeht, da führt eine Pappelallee geradeaus. Die nimmst du. Nach zwei Kilometern kommt eine Kurve … Kommst du mit, Mattes?“

„Klar doch.“ Mattes notierte sich die Wegbeschreibung, die Lena ihm diktierte. „In einer halben Stunde bin ich bei euch!“

„Das schaffst du nie im Leben so schnell!“

„Ich hab ein Rennrad. Bis gleich!“

Es dauerte wirklich kaum mehr als eine halbe Stunde, bis Mattes wie eine Rakete angesaust kam. Trotz des kühlen Wetters glänzte sein Gesicht schweißnass. In der Küche wusch er sich erst einmal das Gesicht unter dem Wasserhahn, dann leerte er zwei Mineralwasserflaschen.

„Verdammt schön bei euch!“, stellte er fest. „So ein prächtiges Haus! Überhaupt, die ganze Gegend hier.“

„Willst du unsere Tiere anschauen?“, fragte Lena.

„Dafür haben wir jetzt keine Zeit“, entschied Annette.

Sie hockten sich in Lenas Wigwam zur Beratung zusammen. Annette setzte sich auf die Geheimniskiste, Mattes bekam den Schreibtischstuhl, Lena nahm im Schneidersitz auf dem Bett Platz.

Auf drei wichtige Fragen mussten sie die Antworten finden: Wie konnten sie beweisen, dass Herr Hülsenbusch ein Täuscher war? Was war zu tun, damit der Vertrag zwischen ihm und Mattes' Vater nicht erfüllt und Robinson also nicht verkauft wurde?

Auf welche Weise konnten sie es hinbiegen, dass die Polizei die Suche nach dem Pony einstellte?

Sie redeten und planten und verwarfen ihre Pläne und diskutierten lautstark durcheinander, dass die Köpfe rauchten. Aber sie kamen und kamen nicht weiter mit ihren Überlegungen.

Annette klopfte auf die Geheimniskiste. „Halt, stoppt mal! So hat's doch keinen Zweck. Wir müssen Schritt für Schritt vorgehen. Ich schlage vor, dass jemand mit Hülsenbusch telefoniert."

„Ich kann das unmöglich machen", entschied Mattes. „Der Kerl hat meinen Vater am Telefon schon so schlimm angemacht. Er bestehe auf dem Vertrag und so. Ich schätze, der hat jemanden aus unserer Familie in Verdacht, dass er Robinson versteckt hat."

Lena kicherte. „Da liegt er ja gar nicht so falsch."

„Mein Vater hat ihn angebellt, das sei 'ne Verleumdung", sagte Mattes. „Richtig beschimpft haben die sich am Telefon, aber wie! Also, ich kann unmöglich bei Hülsenbusch anrufen!"

„Logo." Annette hatte sich aber schon etwas ausgedacht. „Hopp, wir fahren zum Wasserschlösschen! Da kann Mattes dann auch sein Pony begrüßen."

Mattes staunte. „Auf 'nem Wasserschloss habt ihr den Robinson versteckt? Mann, das ist ja unheimlich vornehm!"

Sie begegneten Hanna, Pitt und Ronja, als sie aus dem

Haus stürmten. Die Wuschelhündin umtanzte aufgeregt bellend den fremden Besucher. Pitt wollte natürlich sofort seinen Sturmwind präsentieren.
Lena erklärte der Mutter, wer der Junge sei und dass sie es sehr, sehr eilig hätten. Hanna lächelte mehr oder weniger verständnisvoll, als sie Mattes die Hand gab, dann schüttelte sie den Kopf. Spannende Dinge mussten da vorgehen!
„Dass es heute nur nicht wieder so spät wird!“, rief Hanna, als Lena ihr Fahrrad aus der Scheune holte.
„Bestimmt nicht“, versprach Lena.
Annette, Lena und Mattes radelten zur Gräfte-Insel. Das Gatter an der Brücke war verschlossen. Aber Frau von Alfhaus arbeitete zusammen mit einer kleinen dicken Frau zwischen blühenden Akeleien und üppigen Wiesenrauten im Garten und schaute auf, als sie die Rufe hörte.
„Lass uns bitte rein, Tante Amelie!“, forderte Annette. „Wir haben es eilig!“
Die Baronin schulterte die Harke und kam mit stampfenden Schritten zur Brücke. Sie hatte ihr grantigstes Gesicht aufgesetzt und sah mit den strähnigen Haaren unter dem Strohhut wirklich ein bisschen wie eine Hexe aus.
Mattes stieß die Luft durch die Nase. „Puh, ’ne Baronin hab ich mir anders vorgestellt.“
Annette schmunzelte. „Du guckst dir die falschen Filme an, Mattes. Aber keine Angst, sie beißt nicht.“

Amelie von Alfhaus schloss das Brückentor auf. „Warum habt ihr es so eilig? Wollt ihr euer Pony abholen?“ Sie schaute Mattes an. „Wer ist der Junge?“

„Er heißt Mattes Islacker“, erklärte Annette, „und ihm gehört das Pony – das heißt: seinem Vater.“

„Langsam verstehe ich gar nichts mehr“, nörgelte die Baronin. „Also, um was geht es?“

„Kannst du lügen?“, fragte Annette.

„Jeder kann lügen“, sagte Amelie von Alfhaus bestimmt. „Verlangt ihr etwa von mir, dass ich jemanden anschwindeln soll? Das schlagt euch mal schleunigst aus dem Kopf!“

Lena begriff plötzlich Annettes Plan. „Sie brauchen nur jemanden am Telefon zu fragen, ob er Schlachtpferde gebrauchen kann und welchen Preis er bietet. Wirklich, es ist ganz einfach!“

Amelie von Alfhaus starrte Lena an, als hätte sie eine Irre vor sich. „Schlachtpferde? Was hab ich denn mit Schlachtpferden zu tun? Wenn ihr alberne Streiche vorhabt, dann lasst mich gefälligst aus dem Spiel. Vielleicht erklärt ihr mir mal, was der ganze Unsinn zu bedeuten hat.“

Ja, da blieb ihnen wirklich nichts anderes übrig, als die gesamte Geschichte vom Pony Robinson zu erzählen, das angeblich an soziale und karitative Einrichtungen weitergegeben werden sollte, in Wirklichkeit aber wohl für einen Transport von Schlachttieren bestimmt war.

„Tante Amelie, da spielt ein Mann mit falschen Karten“, sagte Annette beschwörend, „den müssen wir entlarven. Und du musst ihn anrufen, bitte! Das kann nur ein Erwachsener tun.“

„Ach ja? Einen Dümmeren konntet ihr nicht finden?“

„Es geht doch um meinen Robinson“, sagte Mattes leise.

Da antwortete die Baronin etwas Verblüffendes: „Er ist wirklich ein besonders hübsches Pony.“ Es hörte sich an, als wollte sie sagen: Wenn es darum geht, das Leben dieses Tieres zu retten, bin ich auch zu einer Lüge bereit.

Sie gingen ins Haus. Mattes wusste, dass Herr Hülsenbusch in Bolkerheide wohnte. Im Telefonbuch fanden sie schnell die Nummer. Und noch etwas entdeckten sie. Da stand: Joseph Hülsenbusch, Transporte aller Art.

Lena tippte mit dem Finger auf diese Zeile. „Wir sind auf der richtigen Spur!“

„Dass meinem Vater das nicht verdächtig vorgekommen ist!“ Mattes rieb sich verlegen die Hände.

Amelie von Alfhaus entpuppte sich als vorzügliche Lügnerin. Sie wählte die Nummer, und als sich eine Frauenstimme am anderen Ende der Leitung meldete, bat sie: „Können Sie wohl bitte besonders laut und deutlich sprechen? Die Verbindung scheint nicht gut zu sein.“

Sie hielt den Hörer nun so, dass Mattes und die Mädchen alles verstehen konnten. „Mein Name ist Olga Preutenbecker. Ich hätte gern mit Herrn Hülsenbusch gesprochen!“

„Herr Hülsenbusch ist leider nicht da. Vielleicht kann ich Ihnen helfen. Ich bin die Sekretärin. Um was geht es denn?“

„Also, die Sache ist die“, sagte die Baronin. „Ich hätte da einige Tiere zur Schlachtung anzubieten. Pferde und Ponys. Und weil ich gehört habe, dass Herr Hülsenbusch Transporte zusammenstellt ...“

„Von wem haben Sie das gehört?“, fragte die Frau.

„In der Bauernversammlung wurde neulich darüber geredet. Ich möchte mich bei Ihnen mal nach den Preisen erkundigen.“

„Da sprechen Sie doch besser mit Herrn Hülsenbusch selber.“

„Aber eine weitere Auskunft können Sie mir vielleicht noch geben ...“

Lena, Annette und Mattes spitzten die Ohren. Jetzt wurde es spannend. Denn nun kam die Baronin auf den springenden Punkt.

„Ich hätte unter Umständen auch noch ein sehr gutes, ruhiges Pony abzugeben. Gerüchteweise hörte ich, dass Herr Hülsenbusch solche Tiere gegen eine Art Anerkennungsgebühr an Behindertenheime und Waisenhäuser vermittelt. Entspricht das den Tatsachen?“

Argwohn war nun aus der Frauenstimme herauszuhören. „Davon weiß ich nichts. Da kann ich Ihnen keinerlei Auskünfte geben. Sie sollten das direkt mit Herrn Hülsenbusch klären.“

„Wann kann ich ihn denn erreichen?“, fragte Frau von Alfhaus.

„Um achtzehn Uhr ist er wieder im Büro. Sie können mir aber auch Ihre Telefonnummer durchgeben, dann ruft er zurück. Wie war noch Ihr Name?“

Die Baronin legte den Hörer auf. „Wisst ihr jetzt, was ihr wissen wolltet? Wenn ihr mich fragt: Da ist was faul. Eine alte Frau hat so was im Urin.“

Lena musste laut lachen. Das hätte sie nicht gedacht, dass die Baronin solche Redensarten verwendete, aber vielleicht hatte auch sie immer die falschen Filme im Fernsehen angeschaut.

„Für mich ist das ganz klar ein Beweis“, erklärte Mattes. „Von Anfang an habe ich so ’n komisches Gefühl gehabt bei diesem Knilch.“ Er schaute Lena an. „Mal gut, dass ich dich um Hilfe gebeten habe. Aber wie geht es nun weiter?“

Annette zuckte mit den Schultern. „Keine Ahnung. Jetzt stehen wir erst mal wieder auf dem Schlauch.“

„Kann ich nun wieder in den Garten gehen?“, fragte Amelie von Alfhaus. „Oder wollt ihr mir noch weitere Lügen zumuten?“ Ihr war anzusehen, dass sie an dieser Heimlichtuerei ihren Spaß hatte.

„Du hast uns sehr geholfen, Tante Amelie“, sagte Annette. „Vielen Dank für deine schönen Lügen!“

„Was ist jetzt mit dem Pony?“, fragte die Baronin. „Ewig kann es doch nicht in meinem Gartenhaus stehen!“

„Wir besuchen ihn erst mal!“, rief Mattes. „Wie mag es meinem alten Freund wohl gehen?“
Sie liefen zu Robinson, der dösend vor dem Gartenhaus stand. Mattes umarmte sein Pony ganz schnell.
„Und heute Abend holen wir dich ab“, sagte Lena zu Robinson. „Ich weiß nämlich, wie es weitergeht!“ Sie klopfte seinen Hals.
„Und wie?“, riefen Mattes und Annette gleichzeitig.
„Jetzt muss Gregor ran!“
„Wer – zum Teufel – ist Gregor?“, wollte Mattes wissen.
„Das – zum Teufel – ist mein Vater“, antwortete Lena lachend.
Lena wusste, dass sie sich auf ihren Vater verlassen konnte. Wenn sie nicht mehr weiterwusste und seine Hilfe brauchte, dann war er für sie da. Und wenn er etwas hasste, dann waren das unehrliche Geschäftemacher und ihre krummen Touren, mit denen sie Gutgläubige austricksten.
Mattes, Annette und Lena rasten wie Radprofis zum Pferdehof zurück. Dort warteten sie auf Lenas Vater. Kurz nach sechs Uhr traf er mit dem Vectra zu Hause ein.
„Du musst uns helfen!“, rief Lena ihm zu.
„Kein Mensch muss müssen!“ Gregor Belker lachte. „Wo brennt es denn dieses Mal?“
Mattes, Annette und Lena berichteten ihm, wo es dieses Mal brannte. Sie redeten aufgeregt durcheinander, doch

Gregor verstand das Problem trotzdem. Hanna und Pitt hörten zu und schwiegen betroffen.
Gegen das Gewitter, das sich dann entlud, war das Unwetter vom Vorabend nur ein leises Säuseln. Gregor wählte Hülsenbuschs Nummer, und als er sich versichert hatte, dass Herr Hülsenbusch persönlich am Apparat war, ließ er seinem Zorn freien Lauf.
„Sie wollen sich also unter Vorspiegelung falscher Tatsachen einen Vorteil verschaffen ... Das möchte ich konkret wissen, welchen sozialen Einrichtungen Sie angeblich das Pony der Familie Islacker vermitteln wollen ... Ach ja? Vertrag ist Vertrag? Ihren Vertrag können Sie sich in die Haare schmieren! Für ein paar Mark aus Ihrer Portokasse wollen Sie sich das Pony aneignen und dann als Schlachtvieh teuer über die Grenze schaffen. Diese mörderischen Pferdetransporte kotzen mich an ... Wie? Das geht mich nichts an? Das ist freie Marktwirtschaft? Was Sie vorhaben, Herr Hülsenbusch, das ist etwas ganz anderes. Dafür gibt es ein einfaches Wort: Betrug! – Juristisch einwandfrei? Sagten Sie: juristisch einwandfrei? Darf ich mal laut lachen? – Doch, Herr Hülsenbusch, von diesen Dingen habe ich ein bisschen Ahnung. Ich bin nämlich von Beruf Richter. Und jetzt sperren Sie Ihre schönen großen Ohren mal ganz weit auf! Die Staatsanwaltschaft wird garantiert großes Interesse an ihren krummen Geschäften haben. Und ich kann mir verdammt gut vorstellen, dass sich auch das

Finanzamt sehr für ihre eigenartigen Pferdetransporte interessiert ... Was wollen Sie? Das müssen wir nicht an die große Glocke hängen? Sie machen mir Spaß! An die ganz, ganz große Glocke werden wir das hängen, Herr Hülsenbusch! Mein Name ist Belker. Merken Sie sich den Namen. Sie werden noch viel von mir hören!"

Dann knallte Gregor den Hörer auf die Gabel. „So, dieses Großmaul haben wir erst mal gestopft. Wie mir solche Schleimscheißer auf den Wecker gehen! Erst markiert er den großen Max, dann versucht er kleinlaut, mich zu bestechen!" Gregor schaute Mattes an. „Du wirst jetzt wohl am besten ein offenes Wort mit deinen Eltern sprechen. Falls du Schützenhilfe brauchst, kannst du mich anrufen. Oder noch besser: Dein Vater ruft mich an."

„Mensch, Gregor, dem hast du's aber gegeben!", flüsterte Pitt bewundernd.

Ronja hatte gemerkt, dass etwas Aufregendes geschehen war. Sie stimmte eine Art Triumphgeheul an.

„Stark!", sagte Annette Lena ins Ohr. „Dein Vater war echt stark. Der Hülsenbusch ist jetzt sooo klein mit Hut." Sie zeigte es mit Daumen und Zeigefinger.

„Ich werde mit meinen Eltern reden", sagte Mattes ernst. „Und dass Sie mir geholfen haben – das vergesse ich Ihnen nicht."

„Amen!" Gregor lachte und zündete sich eine Pfeife an. Dann paffte er wie eine Dampflok.

Als Annette, Lena und Mattes auf der Haustreppe saßen und Butterbrote futterten, fragte Mattes: „Wie geht's denn nun weiter mit Robinson? Er wird doch von der Polizei gesucht!"

Annette wusste die Antwort. „Der taucht auf die gleiche geheimnisvolle Weise wieder auf seiner Weide auf, wie er gestern von dort verschwunden ist. Das doppelte Ponywunder!"

„Völlig klar", stimmte Lena zu. „Wo's jetzt nicht mehr regnet, muss ein Abendritt durch den Wald nach Habichtsbeek doch das reinste Vergnügen sein. Den Spezialweg weißt du ja, Mattes. Und morgen staunen alle Leute: Robinson ist wieder da!"

„Und mein Rad?", fragte Mattes.

„Das lässt du bei uns. Ich leihe dir auch die Reitkappe von meinem Bruder. Kommt mit zum Wasserschlösschen! Wir erlösen das Pony aus der Macht der bösen Hexe Amelie von Alfhaus."

Mattes quälte sich noch immer. „Mein Problem ist erst zur Hälfte geklärt. Ich meine, wo ich doch jetzt ein Reitpferd bekomme und mein Vater gesagt hat, dass er den Unterhalt für zwei Tiere …"

Annette unterbrach ihn. „Wir haben uns schon was Erstklassiges ausgedacht. Du wirst dich wundern, Mattes!"

An diesem Abend erzählte Lena der alten Stute Raja die Geschichte von der Not des Jungen Mattes und der Rettung seines Ponys Robinson. Raja hörte aufmerksam zu.

Das Ponywunder

Lena fühlte sich ganz leicht, als sie am nächsten Morgen durch Ronjas Gebell aus dem Schlaf geholt wurde. Schmale Sonnenstrahlen spielten helle Kribbelspiele an der schrägen Wand des Wigwams. Pitt lärmte im Badezimmer. Dass der schon auf den Beinen war! Wahrscheinlich hatte ihn der Hunger geweckt.

Sie frühstückten gemeinsam und ohne Hast. Gregor hatte es nicht eilig. Der Frühstücksquark mit den vielen frischen Kräutern aus dem Garten schmeckte köstlich. Pitt allerdings hielt sich hauptsächlich an seine Lieblingsleberwurst.

Lena dachte: Ob Mattes heil nach Hause gekommen ist mit seinem Pony? Ob er Robinson unbemerkt auf die Weide gebracht hat? Ob seine Eltern und er miteinander geredet haben?

Natürlich fuhren Annette und Lena mit mächtig gespannter Erwartung zur Schule, und kaum waren sie aus dem Bus gesprungen, schallte ihnen die Nachricht vom Ponywunder entgegen. Wörter flatterten durch die Luft: Hexerei! Trick siebzehn! Superpony! Das Wunder von Habichtsbeek! Und Mattes stand selbstverständlich wieder im Mittelpunkt der bunt durcheinander schwadronierenden Schülerschar.

Ioannis hatte auch an diesem Morgen die Zeitung dabei. Pony kam auf geheimnisvolle Weise zurück – so lautete die Überschrift. „Ich möchte bloß mal wissen, was diese Show bedeuten sollte“, sagte Ioannis. „Vielleicht hat der Dieb kalte Füße gekriegt oder ein schlechtes Gewissen. Jedenfalls hat man das Pony heute Morgen wieder auf der Weide entdeckt. Na, an übersinnlichen Schnickschnack und solchen Spuk glaub ich ja nicht.“
Lena und Annette taten sehr verwundert und blinzelten sich zu, das bemerkte Ioannis aber nicht.
Annette nahm ihm die Zeitung aus der Hand. Die Mädchen lasen, was Hauptwachtmeister Nowack zu der merkwürdigen Angelegenheit zu vermelden hatte. Die unüberlegte Tat eines Verrückten sei dies vermutlich gewesen, meinte er, obwohl ein krimineller Aspekt bei all dem nicht völlig auszuschließen sei; möglicherweise handele es sich um einen Racheakt oder eine Drohung, vielleicht aber auch nur um einen dummen Scherz. Die Polizei werde den Fall jedoch nicht weiter verfolgen, weil sie Wichtigeres zu tun habe, schloss der Polizeibeamte seinen Kommentar.
„Pony wieder da, Akte zu, alles in Butter!“ Lena lachte.
Als der Gong zum Unterricht rief, näherte sich Mattes im allgemeinen Gedrängel den beiden Mädchen und hielt die Hand zum Victory-Zeichen hoch. Sein Grinsen bewies, dass der Plan rundum gelungen war.
„He, Mattes, wir treffen uns nach der zweiten Stunde

vor dem Sekretariat!“ Annette übertönte nur mühsam das Rufen und Lärmen der jüngeren Schülerinnen und Schüler. „Es ist wichtig, dass du kommst!“

„Warum?“, schrie Mattes zurück.

„Wirst du schon sehen!“ Lena machte es spannend.

Mathematik mit Dreieckskonstruktionen gab es in der ersten Stunde, Lena dachte unwillkürlich an Pythagoras. In der zweiten Stunde schrieben sie einen Englischtest. Lena gab ihr Blatt mit gemischten Gefühlen ab. Als die große Pause begann, eilte sie mit Annette zum Sekretariat.

Mattes wartete schon.

„Nix wie rein!“, rief Annette. „Bevor andere an der Reihe sind. Wir lassen uns auf keinen Fall abwimmeln.“

„Ehrensache!“, bestätigte Lena.

Mattes folgte den Mädchen, als die ohne zu klopfen ins Sekretariat eindrangen, und schüttelte verständnislos den Kopf. Dass dies alles mit ihm zu tun hatte und mit seinem Pony, das zumindest war ihm klar.

Frau Hausteiner, die tüchtige Schulsekretärin mit dem blonden Löwenhaarschopf und dem üppigen Busen, die immer alles fest im Griff hatte, hackte emsig auf ihrem Schreibcomputer herum. „Was wollt ihr?“, fragte sie ohne aufzusehen.

„Wir wollen in einer wichtigen Sache den Direktor sprechen“, gab Lena zur Antwort und hatte schon die Hand an der Klinke des Schulleiterbüros.

„Das ist jetzt gerade unmöglich“, erklärte Frau Hausteiner, „der Herr Direktor ist für niemanden zu sprechen. Kommt in der nächsten Pause wieder. Vielleicht hat er dann Zeit für euch.“

Aber Lena hatte die Tür schon geöffnet. Direktor Autenschulte nahm schnell die Füße vom Schreibtisch und stopfte sich den letzten Löffel Diät-Pudding in den Mund.

„Einfach so ins Zimmer zu platzen!“, grollte er und schob den Plastikbecher zur Seite. „Was gibt’s?“

Annette und Lena stellten sich stramm wie Soldaten vor dem Schreibtisch auf, als wollten sie von vornherein deutlich machen: Wir lassen uns nicht verscheuchen! Mattes blieb hinter den Mädchen stehen und knetete vor Verlegenheit die Finger. Anscheinend war es ihm äußerst unangenehm, dass die beiden Mädchen die Initiative ergriffen.

„Es geht um die neue Arbeitsgemeinschaft. Reiten und Voltigieren. Sie wissen schon!“ Lena legte sich mächtig ins Zeug. „Da haben wir nämlich einen wichtigen Vorschlag zu machen!“

„Aha!“ Direktor Autenschulte schob sich die getönte Brille auf die Stirn hoch, und nun sah es aus, als hätte er vier Augen. „Da bin ich aber gespannt!“

Die Pferdeexpertin Annette übernahm das Reden. „Völlig klar, dass wir die Idee großartig finden. Aber wir haben uns mal ein paar Gedanken darüber gemacht, ob es richtig ist, dass die Schule zwei große Pferde anschafft. Die jüngeren Schüler und Schülerinnen, die aus der fünften und sechsten Jahrgangsstufe meinen wir vor allem, die sind mit einem Pferd vielleicht überfordert. Könnte doch sein, dass einige von denen sich nicht rantrauen an so einen Trumm von Pferd – wenn sie noch so gar keine Erfahrung haben und so."

Lena unterstützte nun die Freundin. „Das ist es, was uns eingefallen ist. Und weil diese neue AG ja besonders wichtig ist für etwas gehemmte Kinder ..."

„Ihr macht mich neugierig", sagte der Direktor.

„Ein Pferd für die Größeren und ein Pony für die Kleinen: Das ist es, was wir vorschlagen möchten!" Annette geriet in Fahrt. „Ein ruhiges und kräftiges Pony, das schon an Kinder gewöhnt ist und das sich als gutmütiges Reittier bewährt hat – so ein Tier wär doch echt 'ne Wucht! Das finden wir jedenfalls."

Der Direktor wiegte den Kopf und schürzte die Lippen, als wollte er pfeifen. „Wie ich die Sache so sehe, habt ihr auch schon eine Idee, wo es ein solches Pony für unsere Schule gibt. Richtig?"

„Richtig!", riefen Lena und Annette aus.

Mattes war zusammengezuckt. Plötzlich war ihm klar, was die Mädchen vorhatten. Sie sprachen von Robinson. Das Pony, das schon an Kinder gewöhnt war – unverschämt! Er war doch kein Kind mehr. Mattes holte tief Luft, doch er sagte zunächst einmal nichts.

„Das Reitpony von Mattes meinen wir“, erklärte Lena. „Für den Mattes mit seinen langen Beinen ist es ja nun zu klein, aber für die Kids wär's goldrichtig.“

Herr Autenschulte verzog das Gesicht, dann lachte er. „Ja, das Zauberpony, das sich in Luft auflösen kann und auf einmal wieder da ist. Schwuppdiwupp! Ich habe Zeitung gelesen. Und ihr denkt also, das ist geeignet für unsere neue AG?“

„Und wie!“ Annette reckte den Kopf.

Diesen Satz hatte Lena sich längst im Kopf zurechtgelegt: „Es gibt noch ein entscheidendes Argument.“

„Donnerlüttchen!“ Herr Autenschulte legte die Handflächen auf die Schreibtischplatte. „Dann mal raus mit dem entscheidenden Argument!“

„Wir glauben“, sagte Lena, „dass die Familie Islacker das Pony Robinson unserer Schule zu einem ganz besonders günstigen Sonderpreis überlassen würde.“

Der Direktor schaute Mattes an. „Was sagst du dazu?“

Mattes schien erleichtert darüber zu sein, dass er nun endlich in das Gespräch einbezogen wurde. „D-d-d-das dürfte stimmen. Ich meine, das mit dem Sonderpreis. Und wie ich meinen Vater so kenne, also, der würde den Robinson vielleicht sogar als Geschenk überreichen!“

Da konnte Lena nicht mehr an sich halten. Sie platzte mit so lautem Lachen heraus, dass Frau Hausteiner erschrocken die Tür aufriss, um sich zu überzeugen, dass das Direktorzimmer nicht zum Tollhaus geworden war.

„Ich stelle mir das gerade vor!“, gluckste Lena. „Ein großes Pony wird als Geschenk überreicht. Vielleicht auf einem goldenen Tablett und mit Schleifchen an den Ohren.“

Lenas Lachen steckte an. Der Direktor lachte, Annette lachte, Mattes lachte – und Frau Hausteiner lachte so sehr, dass ihr Busen hüpfte.

„Das hört sich ja alles sehr überzeugend an“, sagte Herr Autenschulte und wischte sich die Lachtränen aus den Augenwinkeln. Dann ließ er seine Brille von der Stirn wieder auf die Nase plumpsen. „Entscheidend wird nun sein, was Mattes' Eltern zu der Sache sagen. Und im Kollegium und mit der Schulpflegschaft muss das alles natürlich auch noch besprochen werden. Sollte mich jedenfalls nicht wundern, wenn der Robinson ein Schulpony im Sinne des Wortes würde.“

„Mich auch nicht“, sagte Mattes begeistert.

„Mich auch nicht“, echoten die Mädchen.

„Ab jetzt in die Pause!“, rief der Direktor.

So kam es, dass Robinson, das freundliche graue Pony, schon bald die Schülerinnen und Schüler der Arbeitsgemeinschaft Reiten und Voltigieren an der Droste-Schule auf seinen starken Rücken ließ. Die Mädchen und Jungen liebten ihren Robinson sehr. Mit der Schimmelstute Andromeda, die anschließend vom Förderkreis der Schule angeschafft wurde, verstand sich das Pony prächtig. Lena und Annette waren stolz auf ihren trickreichen

Plan, der zu einem guten Ende geführt hatte wie in einem richtigen Pferdebuch. Amelie von Alfhaus gab zu bedenken, dass sie an diesem Erfolg durchaus nicht unbeteiligt gewesen sei. Von Herrn Hülsenbusch hörten Mattes und die Mädchen nichts mehr. Vater Islacker trat übrigens aus seinem Schützenverein aus.

Manchmal besuchte Lena das graue Pony auf dem Bauernhof am Südrand von Habichtsbeek, wo Robinson mit Andromeda in guter Pflege war und den Stall teilte. Hin und wieder traf sie dort mit Mattes zusammen, der inzwischen zwar ein Reitpferd hatte, das beinahe so fuchsfarben wie Annettes Odin war und auf den Namen Columba hörte, der aber seinem alten Freund Robinson täglich einen Besuch abstattete.

Wenn Lena dann die Indianermütze trug, rief Mattes zur Begrüßung: „Howgh, du alte Apachensquaw!"

Und Lena antwortete: „Howgh, du altes Bleichgesicht!"

Dann redeten sie miteinander über die Schule, über Pferde, über Fußball und über tausend andere Dinge, doch über die abenteuerlichen Tage, als sie Robinson vor dem Schlachtpferdetransport gerettet hatten, sprachen sie niemals. Lena wusste genau, dass es Mattes ein bisschen peinlich war und dass er seine Dankbarkeit nicht so zeigen konnte.

Manchmal, wenn sie mit Raja durch die Wiesen ritt, fragte Lena sich, ob das vielleicht so etwas wie Freundschaft sei, was sie mit Mattes verband, obwohl sie doch die Antwort wusste. Sie waren vertraute Freunde, Kumpel, Kameraden – nicht weniger, aber auch nicht mehr. Warum macht es mir etwas aus, dachte sie, wenn ich Mattes mit anderen Mädchen sehe? Warum werden dann die Schmetterlinge wach? Warum fühle ich einen kleinen Schmerz? Ist der Mattes etwa anders als all die anderen Jungen? Ist er mir wichtig?

Hin und wieder wanderten Lenas Gedanken auch zu dem ruhelosen Lukas, dem Jungen in den Boxerstiefeln und mit der Haifisch-Tätowierung auf dem linken Unterarm. Mindestens Professor wollte er werden und gewaltige Erfindungen machen, und er träumte von Ruhm und Geld. Nein, Lena verstand den verwirrten Lukas nicht, der von Weltraumraketen und Pythagoras redete, von Hypothenusenquadraten und Kathetenquadraten, der aber versessen darauf war, auf Tauben zu schießen. Lena wünschte ihm: Lauf nicht immer weg, Lukas! Vielleicht bekommt auch einer, der kein Zuhause hat, seine Chance.

Zu Hause sein: Lena genoss die Geborgenheit des Pferdehofes, das Leben mit der Familie und den Tieren. Doch sie ahnte, dass auch für sie einmal eine Zeit kommen würde, wo sich die engen Bindungen lösen würden, wo sie ihren eigenen Weg gehen müsste. Solche Gedanken machten sie fast schwindelig. Dann lief sie zu Raja und drückte das Gesicht an den Hals der alten Stute.

Der Sommer kam ins Land. Aufregendes geschah in der

Bauernschaft und in dieser Landschaft, die nur scheinbar eine Oase der friedlichen Ruhe war. Tewes stürzte mit seinem Moped und brach sich den Oberschenkelhals. Der Blitz schlug in Kaldenhoffs Scheune, und das Feuer zerstörte fast den gesamten Hof. Ein Jagdpächter aus der Großstadt schoss in der Dämmerung ein Kind an, das die Abkürzung durch den Gronerdinger Busch genommen hatte, weil er es für einen Rehbock hielt. Annette konnte nicht am Mannschaftswettbewerb der Springreiter teilnehmen, weil Odin an einer Entzündung der Huflederhaut litt und lahmte. Die fröhliche und trinkfeste Oma Toni verlor ganz plötzlich die Lust am Leben und verließ ihr Zimmer überhaupt nicht mehr. Pitt kriegte Scharlach und hatte zwei Wochen keinen Hunger.

Da waren aber auch die schönen Überraschungen. Tessa bekam ein wunderschönes Hengstfohlen. Die Naturschützer setzten es endlich durch, dass um das Quellgebiet der Oberen Aa herum keine Gülle mehr ausgebracht werden durfte. Die schneeweiße Katze verlor ihre Scheu und ließ sich von Lena streicheln. Die Schwalben brüteten in den Nestern der alten Schmiede alle ihre Eier aus. Hanna gewann einen Preis für ihre Übersetzung einer Sage von Selma Lagerlöf. Die Sonnenblumen wuchsen hoch wie noch nie. In Lenas Klasse wurden alle Schülerinnen und Schüler in die nächste Jahrgangsstufe versetzt.

„Ich glaube, ich lebe gern“, flüsterte Lena an einem Abend, als die Fledermäuse auf der Jagd nach Insekten um den Pferdehof schossen, ihrer alten Stute ins Ohr. Die sanfte Raja lächelte.